"Uma estrutura crucial para o mundo dos negócios moderno." —Eric Ries

SENTIR & RESPONDER

Como Organizações de Sucesso Ouvem Seus Clientes e Criam Novos Produtos de Forma Contínua

JEFF GOTHELF & JOSH SEIDEN

Rio de Janeiro, 2022

Sentir & Responder

Copyright © 2022 da Starlin Alta Editora e Consultoria Eireli.
ISBN: 978-65-5520-644-9

Translated from original Sense and Respond. Copyright © 2017 Jeff Gothelf and Josh Seiden. ISBN 9781633691889. This translation is published and sold by permission of Harvard Business Review Press, the owner of all rights to publish and sell the same. PORTUGUESE language edition published by Starlin Alta Editora e Consultoria Eireli, Copyright © 2022 by Starlin Alta Editora e Consultoria Eireli.

Impresso no Brasil — 1ª Edição, 2022 — Edição revisada conforme o Acordo Ortográfico da Língua Portuguesa de 2009.

Dados Internacionais de Catalogação na Publicação (CIP) de acordo com ISBD

G684s Gothelf, Jeff
Sentir e responder: como organizações de sucesso ouvem seus clientes e criam novos produtos de forma contínua / Jeff Gothelf , Josh Seiden ; traduzido por Kathleen Miozzo. - Rio de Janeiro : Alta Books, 2022.
256 p. ; 16cm x 23cm.

Tradução de: Sense & Respond
Inclui índice.
ISBN: 978-65-5520-644-9

1. Administração de empresas. 2. Gestão. 3. Relacionamento com o cliente. I. Seiden, Josh. II. Título.

2021-3888
CDD 658.812
CDU 658.814

Elaborado por Odílio Hilario Moreira Junior - CRB-8/9949

Todos os direitos estão reservados e protegidos por Lei. Nenhuma parte deste livro, sem autorização prévia por escrito da editora, poderá ser reproduzida ou transmitida. A violação dos Direitos Autorais é crime estabelecido na Lei nº 9.610/98 e com punição de acordo com o artigo 184 do Código Penal.

A editora não se responsabiliza pelo conteúdo da obra, formulada exclusivamente pelo(s) autor(es).

Marcas Registradas: Todos os termos mencionados e reconhecidos como Marca Registrada e/ou Comercial são de responsabilidade de seus proprietários. A editora informa não estar associada a nenhum produto e/ou fornecedor apresentado no livro.

Erratas e arquivos de apoio: No site da editora relatamos, com a devida correção, qualquer erro encontrado em nossos livros, bem como disponibilizamos arquivos de apoio se aplicáveis à obra em questão.

Acesse o site www.altabooks.com.br e procure pelo título do livro desejado para ter acesso às erratas, aos arquivos de apoio e/ou a outros conteúdos aplicáveis à obra.

Suporte Técnico: A obra é comercializada na forma em que está, sem direito a suporte técnico ou orientação pessoal/exclusiva ao leitor.

A editora não se responsabiliza pela manutenção, atualização e idioma dos sites referidos pelos autores nesta obra.

Produção Editorial
Editora Alta Books

Diretor Editorial
Anderson Vieira
anderson.vieira@altabooks.com.br

Editor
José Rugeri
acquisition@altabooks.com.br

Gerência Comercial
Claudio Lima
comercial@altabooks.com.br

Gerência Marketing
Andrea Guatiello
marketing@altabooks.com.br

Coordenação Comercial
Thiago Biaggi

Coordenação de Eventos
Viviane Paiva
eventos@altabooks.com.br

Coordenação ADM/Finc.
Solange Souza

Direitos Autorais
Raquel Porto
rights@altabooks.com.br

Assistente Editorial
Mariana Portugal

Produtores Editoriais
Illysabelle Trajano
Larissa Lima
Maria de Lourdes Borges
Paulo Gomes
Thales Silva
Thiê Alves

Equipe Comercial
Adriana Baricelli
Daiana Costa
Fillipe Amorim
Kaique Luiz
Maira Conceição
Victor Hugo Morais

Equipe de Design
João Lins
Marcelli Ferreira

Equipe Editorial
Beatriz de Assis
Brenda Rodrigues
Caroline David
Gabriela Paiva
Henrique Waldez

Marketing Editorial
Jessica Nogueira
Livia Carvalho
Marcelo Santos
Thiago Brito

Atuaram na edição desta obra:

Tradução
Kathleen Miozzo

Copidesque
Rayi Kena

Revisão Gramatical
Ana Mota
Alessandro Thomé

Revisão Técnica
Sylvestre Mergulhão
CEO da Impulso

Diagramação
Rita Motta

Editora afiliada à:

Rua Viúva Cláudio, 291 – Bairro Industrial do Jacaré
CEP: 20.970-031 – Rio de Janeiro (RJ)
Tels.: (21) 3278-8069 / 3278-8419
www.altabooks.com.br — altabooks@altabooks.com.br
Ouvidoria: ouvidoria@altabooks.com.br

Sumário

Agradecimentos — vii
Prefácio — ix

Introdução — 1
Uma conversa bidirecional com o mercado — 1

PARTE UM
O Modelo Sentir e Responder

1. **Incerteza Constante** — 17
   Tudo muda, o tempo todo

2. **Sentir e Responder** — 43
   Aprendizado contínuo

3. **Por que as Empresas Resistem à Mudança** — 67
   Superando obstáculos e objeções

4. **Você Está no Ramo de Tecnologia** — 85

PARTE DOIS
O Guia para Gestores sobre Sentir e Responder

5. Planeje-se para Mudanças e Incertezas	119
6. Organize-se para a Colaboração	151
7. O Modo "Tudo Contínuo" *Faça menos, com mais frequência*	181
8. Crie uma Cultura de Aprendizado Contínuo	201
Conclusão	225
Notas	*231*
Índice	*239*

Sobre os Autores

Jeff Gothelf é autor, palestrante e designer organizacional. Em seus quase vinte anos de experiência em produtos e serviços digitais, vem trabalhando na busca por uma abordagem centrada no cliente e baseada em evidências para estratégia de produto, design e liderança.

Josh Seiden é designer, estrategista e coach. É o criador de produtos premiados no Vale do Silício, construiu equipes de design em Wall Street e ensinou design moderno de produtos e métodos de desenvolvimento por todo o mundo.

Agradecimentos

Jamais seria possível escrevermos este livro sem o generoso apoio de nossos amigos, familiares, colegas de trabalho e especialistas do setor. Somos gratos por isso e gostaríamos de citar alguns nomes em particular.

Primeiramente, obrigado ao nosso editor da *Harvard Business Review Press*, Jeff Kehoe, e à equipe maravilhosa que nos foi tão prestativa. Somos particularmente gratos a Stephani Finks, que desenhou uma bela capa, mesmo com dois designers como clientes. Obrigado também ao nosso agente, Esmond Harmsworth, por fazer a ponte com Harvard. Também precisamos agradecer imensamente a Bruce Wexler por nos ajudar a moldar a proposta que nos permitiu conhecer Esmond e Jeff. Obrigado também a Stephen Parry por gentilmente compartilhar títulos de livros conosco.

Nenhum agradecimento estaria completo sem mencionar nossos colegas da Neo, com quem aprendemos muito. Vocês são mais de cem, então lamentamos não poder agradecer a todos pelo nome. Mas sintam-se amados e apreciados.

Ao longo do caminho, fomos agraciados com alguns generosos leitores de nosso manuscrito. Giff Constable e Lane Goldstone compartilharam broncas amorosas. Fomos agraciados também com a incisão de Victoria Olsen no final do processo.

Nossos colegas na metodologia *lean* e Ágil ofereceram inspiração e apoio: Bill Scott, Eric Ries, Jeff Patton, Barry O'Reilly, Jonathan Bertfield, David Bland e Jono Mallanyk.

Somos especialmente gratos ao pessoal da linha de frente que generosamente nos cedeu seu tempo e sua visão durante o processo de pesquisa, ajudando a entender o que realmente está acontecendo dentro das organizações hoje. Agradecemos a Neil Williams, Dan North, Sonja Kresojevic, Dan Smith, Ian Muir, Rebecca Hendry, Leisa Reichelt, MJ Broadbent, Bill DeRouchey, Dave Cronin, Dan Harrelson, Greg Petroff, Bruce McCarthy, Matias Kiviniemi, Fred Santarpia, Nick Rockwell, Ines Bravo, Corinne Mayans, Stephen Orban, Scout Addis, Michele Tepper, Dan Ryan, Arpan Podduturi, Tom Griffiths, Marvin Lange, Nathan Coe, Tony Collins, Chris Kelly, Mark Chamberlain, Emily Culp, Brendan Marsh, Jez Humble, Melissa Perri, Alethea Hannemann, Matthew Hayto, Kristen Teti, Liz Hamburg, Kevin Heery, David Fine, Dagny Prieto, Hendrik Kleinsmiede e Karen Pascoe.

E, finalmente, queremos agradecer às nossas famílias por suportarem os dias, as noites e os fins de semana escrevendo, ainda que tenhamos jurado que nosso livro anterior seria o último. Carrie, Grace e Sophie — mais uma vez, a paciência e o apoio de vocês tornaram este livro possível. Vicky, Naomi e Amanda — vocês são incríveis.

Prefácio

Quando decidimos trazer para o Brasil o livro *Sentir e Responder*, era um momento anterior à pandemia da Covid-19. Ninguém imaginava que o mundo passaria por toda essa situação. Curiosamente, este livro já trazia a expressão "o novo normal". Parecia um prenúncio do que viria pela frente.

Teria sido muito bom se os gestores e as lideranças das empresas brasileiras pudessem ter lido este livro antes de a pandemia começar, pois teriam a oportunidade de se preparar melhor para recebê-la. Ou, pelo menos, teriam sido avisados de que, mais cedo ou mais tarde, alguma circunstância poderia simplesmente passar por cima de suas empresas, seus processos, seu *mindset* e seus modelos de negócios ultrapassados, colocando tudo de cabeça para baixo.

No fundo, acredito que muita gente fica simplesmente acomodada, acreditando que o *status quo* nunca será questionado durante sua gestão. Mas a Covid-19 está aí para provar o contrário de maneira incontestável.

A única forma de nossas empresas sobreviverem a todas as adversidades pelas quais passarão ao longo das décadas é questionando, de forma recorrente sua própria existência e suas verdades. Em suma, gerando inovação de forma constante. Mas ao lidar com inovação, muitas vezes ainda se buscam fórmulas para o sucesso, como se inovar fosse apenas uma coisa simples e matematicamente demonstrável. Em outros casos, há a sensação de que a inovação vem como um lampejo, um *a-ha moment,* que surge de um ser iluminado e fantástico que sua empresa contratou. Mas como não fazer com que a inovação dependa simplesmente de um super-herói? A prática me mostrou que, na verdade, a inovação vem de mais um daqueles processos constantes, cadenciados e cíclicos e, por que não dizer, chatos!

Se olharmos mais para o passado, veremos casos famosos, como o da lâmpada de Thomas Edison, e aquela famosa frase a ele atribuída: "Eu não falhei. Eu apenas descobri dez mil maneiras que não funcionam." Ninguém faz dez mil vezes uma coisa sem disciplina, processo, cadência e força de vontade.

Então, a única conclusão possível é a de que, para existir um processo de inovação contínua, a inovação precisa ser parte do *core business* da empresa e estar entranhada profundamente em sua cultura, em todas as pessoas, independentemente de seu nível hierárquico.

Em software, muitos ainda buscam um produto com funcionalidades específicas e bem definidas previamente. Este livro é mais um relato que afirma: software é um processo de descoberta. Logo, software é, *per si,* um processo de inovação. Da mesma forma, software é um processo de pesquisa e desenvolvimento. E, por tudo isso, para se obter os melhores resultados, o que se precisa não é de um escopo bem definido, mas, sim, das melhores pessoas trabalhando com os melhores processos e as melhores ferramentas. Tudo isso as permitirá definir boas hipóteses que precisam ser testadas, para, na sequência, serem validadas ou anuladas.

Desse jeito, as pessoas descobrem realmente aquilo que precisa ser criado como solução para um determinado problema. Na verdade, em muitos casos, não se sabe nem qual é o problema!

Prefácio

> "Nem o empreendedorismo e nem a inovação disruptiva são novidades. A novidade é o aumento drástico no poder da tecnologia e o declínio correspondente no custo."
>
> Jeff Gothelf and Josh Seiden

Este livro concentra em uma única fonte os grandes conceitos sobre agilidade de software e de negócios, gestão em ambientes de incerteza, gestão de pessoas, aprendizagem, colaboração, transformação, liderança e cultura corporativa, todos essenciais para gestão moderna e todos em "modo contínuo".

Por um lado, podemos considerar esses conceitos tanto modernos quanto nostálgicos, pois sabemos que não é desta década o advento de grandes empresas que sofrem disrupção em seus mercados e não conseguem ter capacidade de inovação para sobreviverem. Por outro lado, muitas empresas se reinventam várias e várias vezes ao longo dos anos.

Quais os segredos dessas boas empresas?

Deleite-se por todo este rico material e prepare-se para o novo normal: o estado de inovação contínua.

Sylvestre Mergulhão
CEO da Impulso

Introdução
Uma conversa bidirecional com o mercado

Em 1975, um pesquisador chamado Steven Sasson, que trabalhava em um laboratório da Eastman Kodak, construiu a primeira câmera digital. Era uma máquina estranha, mas a visão de Steven era clara. Ele enxergava o potencial: dentro de quinze a vinte anos, informou aos executivos, a tecnologia poderia competir com o cinema. Mas não se pode culpar os executivos por terem sido céticos: a engenhoca precisava de uma unidade de fita de armazenamento para funcionar e levava quase trinta segundos para produzir uma imagem minúscula, em preto e branco, de baixa resolução. Mesmo assim, Sasson e a Kodak persistiram. De fato, em 1989, produziram uma câmera digital comercialmente viável. Mas os executivos da Kodak não foram convencidos. Nos anos seguintes, a fotografia digital floresceu, mas a Kodak não respondeu — ou não podia responder. As vendas de câmeras digitais ultrapassaram as de câmeras analógicas em 2004. Em 2012, a Kodak declarou falência.[1]

É fácil encarar essa história como um fracasso em inovação, e, claro, em parte, é verdade. As lições de *O Dilema da Inovação: Quando as Novas Tecnologias Levam Empresas ao Fracasso* são óbvias aqui: os líderes de negócios muitas vezes não enxergam a ameaça representada pela tecnologia inovadora até que seja tarde demais.

Mas seria um erro reduzir essa história como sendo apenas sobre inovação. É muito mais do que isso. Todos nós reconhecemos que a tecnologia digital em suas muitas formas está mudando os negócios tradicionais. É preciso perguntar: o que nós, como líderes, faremos a respeito desse problema? Em outras palavras, percebemos a ameaça. Agora enfrentamos uma nova questão: como responder?

A Borders, uma rede de livrarias, certamente reconheceu a ameaça. Em 2006, a Amazon.com ultrapassou a Borders em vendas.[2] A grande varejista física lutava para reagir. A empresa enfrentava vários problemas. Sua estratégia de superloja, oferecendo uma seleção incomparável de livros e músicas aos clientes na década de 1990, não foi mais suficiente para mantê-la à frente de seus concorrentes: varejistas online podiam oferecer literalmente todos os livros impressos no mundo, sem precisar do apoio de grandes lojas. Se antes sua vantagem competitiva era a oferta de produtos na loja, isso não era mais verdade. A Borders precisava encontrar outra coisa. Talvez fosse possível compensar construindo um robusto negócio online? Porém, sua resposta à ameaça do varejo na internet parece, em retrospecto, uma estratégia obviamente condenada. Entre 2001 e 2008, a Borders terceirizou seus negócios de internet para a Amazon.

Aumentando a pressão, a Amazon lançou o Kindle, seu primeiro e-reader, em novembro de 2007. O dispositivo, um sucesso desde seu lançamento, abriu uma nova frente na guerra contra as livrarias físicas. Agora não era simplesmente uma batalha entre o varejo físico e o e-commerce. Os consumidores podiam baixar e-books diretamente em seus dispositivos portáteis. Dois anos depois, a Apple lançou o iPad junto com sua própria livraria digital. Em 2010, a Barnes & Noble lançou o NOOK, um produto que eles haviam desenvolvido. Mais tarde naquele ano, a Borders anunciou uma parceria com a Kobo, uma startup canadense recém-chegada ao mercado de e-readers. Mas era tarde demais. Em 2011, a Borders anunciou o fechamento definitivo de suas unidades.

A Borders, ao que parece, não negou a necessidade de resposta à ameaça digital. Ao contrário da Kodak, eles responderam. Mas a empresa nunca conseguiu adotar e integrar funcionalidades digitais e os métodos operacionais que acompanham tais funcionalidades. Em outras palavras, eles deram a resposta errada.

Apenas o líder mais teimoso descartaria a ameaça representada pela tecnologia digital. De fato, consideramos óbvio que a tecnologia digital veio para ficar. Ela — seja para o bem ou para o mal — remodelou nosso mundo, e o mundo no qual fazemos negócios, tirando do mercado empresas importantes e criando uma geração de novas poderosas companhias.

Mas a economia também mudou. E não é só a presença da tecnologia em si. Em vez disso, o que mudou são as novidades que as pessoas estão criando como resultado da tecnologia. Agora dispomos de novos funcionalidades notáveis para nos comunicarmos uns com os outros, de forma direta e indireta, e com as organizações que atendem aos nossos interesses. É possível compartilhar mensagens pessoais com amigos, grupos e estranhos ao redor do mundo. Compartilhar opiniões sobre os produtos de um comerciante postando avaliações online. E as organizações que atendem às nossas necessidades também podem se aproveitar desses valiosos canais de comunicação, vendo quase imediatamente, online, o desempenho de seus produtos. O que está vendendo? O que as pessoas estão comentando? Quais funcionalidades estão boas? Quais não estão?

Empresas experientes estão aproveitando essa nova capacidade de comunicação. Elas experimentam coisas novas no mercado de forma contínua, testando e ajustando rapidamente com base no que aprendem. Em meados dos anos 2000, a varejista espanhola Zara tornou-se conhecida por sua abordagem chamada *"fast fashion"*, uma abordagem que a tecnologia digital possibilitou. A Zara produz até 10 mil designs anualmente, muitos dos quais têm curta duração. A produção acontece em pequenos números, observando o que funciona, reportando rapidamente aos centros de design e fazendo ajustes com base nesses dados. Os clientes podem não saber que estão fornecendo feedback, mas suas compras são como votos, e a empresa trata essas informações como sua força vital.[3]

Em um mercado mais puramente digital, o Google se tornou o mecanismo de busca dominante, em parte devido ao modo como alavancou o poder de pequenos experimentos contínuos que levam à otimização de seu próprio serviço. Alguns especialistas estimam que o Google realize algo em torno de 30 mil experimentos por ano para melhorar sua ferramenta de busca. Se você já usou o Google (quem nunca?), então é grande a chance de ter participado de muitos desses experimentos.[4]

Pode-se encarar as histórias da Zara e do Google como questões similares: empresas engajadas no que chamamos de *conversa bidirecional com o mercado*. As empresas, que antes faziam uma reavaliação anual, podem experimentar coisas novas, aprender com as interações com os clientes e ajustar seus planos de forma mais rápida. Em resposta, os clientes veem novas ofertas de empresas, votam com suas compras e expressam seus sentimentos com seus comentários, tweets, postagens no Facebook e vídeos no YouTube. Tudo isso acontece de forma incrivelmente rápida. E a velocidade e a riqueza dessa conversa pressionam empresas, governos e outras instituições de modo fundamental: eles devem mudar a maneira como respondem ao mercado ou seguir o destino da Kodak, da Borders e de uma longa lista de outras.

Neste livro, discutimos tecnologia digital, mas ela — *software* — é apenas o capacitador para essa conversa bidirecional com o mercado, essa nova forma de operar no mundo. O verdadeiro assunto deste livro é como a administração deve mudar seu modo de agir para lidar com essa conversa.

O problema que muitos enfrentamos é que a maioria de nossas técnicas de gestão foi criada em uma época em que essa conversa bidirecional não existia. Em vez disso, nossas ferramentas de gerenciamento foram construídas para um ritmo operacional completamente diferente — aquele da economia de manufatura do século passado. As operações na era da manufatura eram mais lentas e previsíveis, recompensavam uma abordagem de gestão baseada em planejamento, deliberação e sigilo. As economias de escala em um cenário manufatureiro dificultavam a mudança da rota durante o trajeto, mas, naquela época, isso parecia menos necessário. Os ajustes anuais eram suficientes.

Não é o que acontece agora. Imagine que um site seja atualizado apenas uma vez por ano: parece algo absurdo. Quando seus clientes podem ter uma nova versão de seu produto em mãos todos os dias, por que esperar um ano para responder aos comentários? E por que eles aceitariam isso? Agora imagine esse cenário multiplicado por todos os seus clientes, parceiros e funcionários — na verdade, todos dentro de nossa economia. Imagine esse cenário aplicado ao software e às políticas usadas na operação de seu negócio, na cadeia de suprimentos e na distribuição. Essa é a situação que enfrentamos. Cada vez mais, o relacionamento com nossos parceiros é dominado pela conversa bidirecional permitida pela tecnologia digital. Diante desses novos ritmos e expectativas, nossos sistemas de gestão — feitos com foco na economia manufatureira que dominou no século passado — são mais do que insuficientes. Eles estão falhando feio e precisam de uma atualização.

A Conversa Bidirecional Requer uma Mudança no Modelo de Gestão

É comum que, na era da tecnologia digital, não façamos uma revisão fundamental do modo como gerenciamos nosso negócio como um todo. Em vez disso, a resposta padrão dentro das organizações existentes geralmente é criar uma funcionalidade de tecnologia da informação (TI) independente ou terceirizada.

Esse é um legado não apenas de nosso modo de pensar sobre tecnologia, mas também de como pensamos e estruturamos nossas organizações, uma herança das inovações muito bem-sucedidas do século passado: a linha de montagem de Henry Ford, os princípios de gestão científica de Taylor e o modelo de engenharia das organizações. Esse legado de segregação funcional em nome da eficiência faz sentido em certos contextos, mas o mesmo não acontece na realidade digital. A complexidade dos sistemas de software, o desafio de prever o que o mercado deseja, o ritmo das mudanças dentro do próprio mercado — tudo isso reforça as probabilidades contra essas abordagens autônomas.

Quando a Borders terceirizou sua livraria online para a Amazon, representou mais do que ceder o controle desse canal a um concorrente. Ela roubou de si mesma a oportunidade crucial de ter uma conversa bidirecional com esse segmento emergente de clientes, de envolver-se com esse novo tipo de comportamento do cliente, saber o que o cliente buscava e como atendê-lo online. Não importa que eles não soubessem administrar um negócio de comércio eletrônico em 2001, quase ninguém sabia na época. Na verdade, pode-se até mesmo dizer que nem a Amazon sabia naquele momento. Em vez disso, de 2001 a 2008, a Borders deu à Amazon uma oportunidade de aprender, com o dinheiro e os clientes da Borders, como ser bem-sucedida — e simplesmente porque permitiu que a Amazon intermediasse uma conversa que a Borders deveria ter diretamente com seus próprios clientes.

O novo manual que a indústria de tecnologia está criando permite que integremos profundamente essa conversa bidirecional dentro da estrutura de nossas organizações. Daremos uma olhada nesse manual e discutiremos o motivo de sua relevância.

Métodos Ágeis: o Playbook para a Era da Informação

Os primeiros a buscarem um novo playbook foram engenheiros de software que trabalharam nas décadas de 1980 e 1990. Alguns profissionais frustrados e atenciosos observaram o processo de desenvolvimento de software e se perguntaram por que, na época, parecia difícil criar sistemas de software eficazes (pensando naquela época, naquele momento, é fácil ver o motivo de tanta frustração. Um estudo que ficou famoso naquele período — *The CHAOS Report* (1994), do The Standish Group — descobriu que 84% dos projetos de TI não conseguiam entregar *quaisquer* resultados ou eram seriamente prejudicados por excedentes de custo e cronograma). Esses profissionais concluíram que os métodos que usávamos para criar software, até aquele ponto, baseavam-se no modelo errado.

Os modelos de desenvolvimento de software dominantes na época baseavam-se nos modelos de processo consagrados do século passado. Mas a base para esses modelos era a construção de itens como carros e edifícios, coisas que ofereciam demandas concretas e de fácil compreensão, com tensões, cargas e outras propriedades que podem ser calculadas por meio de equações comprovadas. Coisas que poderiam ser descobertas em grandes detalhes antes da fabricação, permitindo, assim, que se criassem planos que poderiam ser repassados aos construtores. Planos que não mudariam após o início do processo de montagem.

Nosso grupo de profissionais frustrados percebeu a principal diferença no trabalho com um software: os requisitos sempre pareciam mudar depois do início do projeto. Por anos, os programadores travaram essa batalha contra as mudanças de requisitos. Mas esse grupo abordou isso de forma distinta. Eles pensaram: "E se adotássemos a mudança? E se, por qualquer motivo, os requisitos de mudança se tornassem uma parte inevitável do processo de desenvolvimento de software, e se otimizássemos nosso processo de mudança?"

Qualquer um que teve qualquer contato com o mundo da tecnologia digital reconhecerá essa pergunta como a semente do que acabou se transformando no *manifesto Ágil*. Outrora algo como uma insurgência da contracultura, o Ágil hoje é famoso e em vias de se tornar o modelo de processo dominante para o desenvolvimento de software.

O Ágil abraça a mudança de várias maneiras e, em sua essência, emprega duas técnicas. Primeiro, divide o trabalho em pequenos lotes, e segundo, usa o feedback contínuo do mercado para orientar o progresso. Portanto, ao contrário de uma linha de montagem — em que o cliente não vê o carro até que o produto esteja completamente pronto —, em um processo de desenvolvimento Ágil, uma pequena unidade de software é feita e apresentada a um usuário, o feedback é coletado, e, com base nesse feedback, a equipe decide quais são os próximos passos. Talvez a equipe continue conforme planejado, talvez ajuste suas prioridades. Ou talvez projete algo novo. A capacidade de criar um ciclo de feedback contínuo é o detalhe mais importante que agregamos à medida que nossa economia passa da manufatura de bens duráveis para a produção de software e a entrega de serviços baseados em software. Esse ciclo de feedback permite que incorporemos o aprendizado em nosso ritmo operacional diário.

São profundas as implicações dessa mudança no processo. Agora as equipes não trabalham rigorosamente de acordo com um plano pré-definido. De outro modo, usam o ciclo de feedback para entender o caminho a seguir. Elas não podem prometer que produzirão um Modelo T em um momento específico. Em vez disso, as decisões sobre o que construir são tomadas durante o processo de construção.

Sentir e Responder

Quando observamos os métodos desenvolvidos nos últimos 25 anos no mundo do software, percebemos que muitas das ideias mais influentes compartilham o conceito Ágil de um ciclo de feedback contínuo — essa noção de uma conversa contínua com o mercado —, seja por designers trazendo ideias sobre design centrado no usuário, *design thinking* e *lean* UX, seja por empreendedores como Eric Ries e Steve Blank trazendo a ideia de uma startup enxuta e seu desenvolvimento de clientela, ou engenheiros de software oferecendo métodos *lean* e Ágil de práticas DevOps.

Mais do que isso, porém, observamos como esses novos métodos de envolvimento do mercado levaram a novas abordagens de liderança. Por muitos anos, trabalhamos na indústria de tecnologia. Assistimos e participamos do desenvolvimento desses métodos, e é um prazer relatá-los a você. Vimos toda uma indústria se formar e um corpo de conhecimento começar a ser coletado sobre o trabalho, de modo a criar uma conversa bidirecional com o mercado, e estamos ansiosos para compartilhar o que aprendemos. Como verá ao longo deste livro, acreditamos que esses métodos podem ser aplicados muito além das fronteiras da tecnologia.

Chamamos este livro de *Sentir e Responder* porque gostamos de como a expressão descreve o mecanismo básico, o ciclo de feedback, a parte central dessa abordagem. Os temas mais importantes que sustentam a abordagem de sentir e responder podem ser encontrados nestes cinco princípios-chave.

> *Crie conversas bidirecionais.* A tecnologia digital nos deu a nova capacidade de desenvolver conversas bidirecionais com nossos mercados e clientes.
> O que o mercado quer?
>
> E por *mercado*, aqui, entenda-se *pessoas*. (Quando falamos em centrado no usuário, cliente e ser humano, estamos nos referindo a essa ideia). Compreender as necessidades não expressas e não atendidas das pessoas que usam nossos produtos, nossos serviços e nossa tecnologia é a chave para desbloquear valor. Essa capacidade guarda a chave para o sucesso na era digital: não temos que prever o que funcionará. Mas podemos ouvir, dar um palpite confiável, obter feedback quase em tempo real e fazer ajustes.
>
> *Concentre-se nos resultados.* Na era digital, é difícil, e por vezes impossível, prever quais funcionalidades do produto o mercado demanda. No entanto, muitas vezes, planejamos nossas funcionalidades e gerenciamos nossos ciclos de negócios como se soubéssemos exatamente o que funcionará. Gerenciamos especificando resultados — o que faremos. Mas, na verdade, precisamos nos concentrar neles: a administração precisa declarar os resultados de negócios desejados e, em seguida, formar suas equipes

para descobrir como alcançá-los. Isso significa que é preciso criar as condições nas quais as equipes possam tentar diferentes abordagens, experimentar, aprender e descobrir o que funciona por meio de tentativa e erro.

Abrace a mudança e os processos contínuos. As práticas modernas de desenvolvimento digital permitem que as equipes façam pequenas mudanças de forma contínua. Assim, conseguem fazer os ajustes de que precisam quando empregando uma abordagem de sentir e responder. Mas isso também muda a forma como planejamos, porque continuamente aprendemos e ajustamos nossos planos à medida que avançamos. E muda também nosso modo de fazer o orçamento, porque não podemos mais nos dar ao luxo de firmar compromissos com um ano de antecedência, considerando que aprendemos todos os dias. E isso muda a forma como comercializamos, vendemos e… muito mais. Precisamos abandonar os processos de fabricação em grandes lotes e adotar os processos contínuos em pequenos lotes.

Desenvolva a colaboração. Todos os grandes esforços digitais são colaborações — entre um criador e o público. Entre desenvolvedores e operadores. Entre *designers* e partes interessadas. É preciso adotar profundamente a colaboração e quebrar barreiras nos locais em que elas surgirem. Isso significa que precisamos considerar como organizamos nossas equipes, nossos departamentos, nossos programas e nossas iniciativas.

Crie uma cultura de aprendizagem. Sentir e responder significa abraçar uma forma de trabalhar que envolve o aprendizado contínuo, e isso exige mudanças significativas nos processos e nas estruturas organizacionais. Essa necessidade de mudança, por sua vez, significa que é preciso criar uma cultura de aprendizado, e isso demanda abertura, humildade e espaço para falhas. Envolve apoiar a curiosidade e a colaboração, estar disposto a admitir que realmente não sabe a resposta e demonstrar a vontade de encontrá-la. Finalmente, significa abraçar a mudança e a ideia de que o software é um meio contínuo e mutável.

Por que Este Livro?

O manual de gestão que surge no mundo da tecnologia hoje tem muito a oferecer à comunidade mais ampla de liderança empresarial. Esse manual permite que as organizações se envolvam em uma conversa bidirecional com o mercado e agreguem valor a partir dela.

O ritmo das equipes de produto em empresas centradas na tecnologia tende a ser contínuo, em pequenos lotes, criando pequenas atualizações de produto, sentindo seu desempenho e respondendo continuamente com ajustes. Alguns desses ajustes tomam a forma de um novo software — mas nem sempre é assim. Às vezes, os ajustes ocorrem em regras de negócios, preços, linguagem de marketing, políticas de suporte ou qualquer uma das muitas outras variáveis que compõe um negócio bem-sucedido. Independentemente do ajuste, no entanto, as equipes têm como foco criar resultados, evitar *road maps* de funcionalidades detalhados e são guiadas pelo diálogo contínuo com o mercado.

Escrevemos sobre esses princípios emergentes em nosso primeiro livro, *Lean UX*, que descreve um sistema de trabalho baseado em pequenas equipes colaborativas entregando valor de forma rápida e contínua. Ainda que escrito para um público técnico, o livro oferece um modelo de ponta para trabalhar com tecnologia digital que se aplica a todos. Essas equipes de novo modelo são o que move os negócios hoje.

Porém, enquanto viajávamos pelo mundo ensinando esses métodos aos praticantes, percebemos uma questão persistente. "Adoraríamos trabalhar assim", eles diziam, "mas é tão difícil colocar em prática aqui nesta organização!" E à medida que nos aprofundamos em suas preocupações, identificamos um padrão comum. As organizações em que atuam não foram criadas para dar suporte a essa nova forma de trabalho.

As grandes organizações trabalham da forma oposta: criam planos detalhados e os transferem para uma fábrica de execução — uma equipe de receptores de pedidos. As grandes empresas tendem a agir como uma linha de produção, terceirizando a execução e isolando a tomada de decisões nos níveis superiores. Em vez de uma conversa, elas simplesmente dão o "play" em um discurso pré-gravado.

O que Você Encontrará Neste Livro

A Parte I explica o Modelo Sentir e Responder: por que é tão importante, como funciona, quando usá-lo (e quando não usar), quais obstáculos provavelmente enfrentará e como superá-los.

A Parte II é o Guia para Gestores sobre Sentir e Responder. Nele explicamos como ajustar as equipes e os processos de planejamento para funcionarem de maneira bidirecional e como liberar valor por meio de experimentos e estruturar suas operações para uma entrega contínua e previsível. Nosso objetivo não é ensinar a cada gestor todos os meandros de cada técnica (há muitos livros ótimos que tratam das táticas individuais), mas, em vez disso, queremos dar aos gestores uma visão geral das técnicas importantes, explicando como funcionam em conjunto e por que são partes tão importantes do sistema.

O Poder de Sentir e Responder

Como, nos últimos anos, trabalhamos em imaginação, projeção, construção e lançamento de novos produtos e serviços que incorporam a tecnologia digital para algumas organizações, pudemos reconhecer o poder da abordagem sentir e responder — e a necessidade de explorá-la em sua organização. Percebemos que as organizações mais bem-sucedidas lideraram essa evolução, e o resultado é a aceleração. As pequenas equipes de startups que não têm bagagem organizacional como legado estão adotando essas técnicas como a ordem natural das coisas e estão deixando sua marca no mundo. Consideramos as ideias deste livro — simples e práticas, que não exigem nível técnico — vitais para qualquer gestor, e é por isso que estamos ansiosos para compartilhá-las com você.

E como também usamos a abordagem de sentir e responder, queremos ouvir seu feedback. Portanto, durante a leitura, tenha em mente que também estamos abertos a uma conversa bidirecional. Para que você possa continuar sua jornada de aprendizado, criamos um site que acompanha o conteúdo deste livro. Você pode encontrar todo o material de referência que citamos neste livro em http://senseandrespond.co/links/. Caso queira entrar em contato conosco diretamente, escreva para josh@joshuaseiden.com e jeff@jeffgothelf.com. Conte-nos o que pensa, mostre como essa abordagem serve à sua organização, à sua equipe e aos seus produtos e serviços. Adoraremos ouvir a sua opinião.

PARTE UM

O Modelo Sentir e Responder

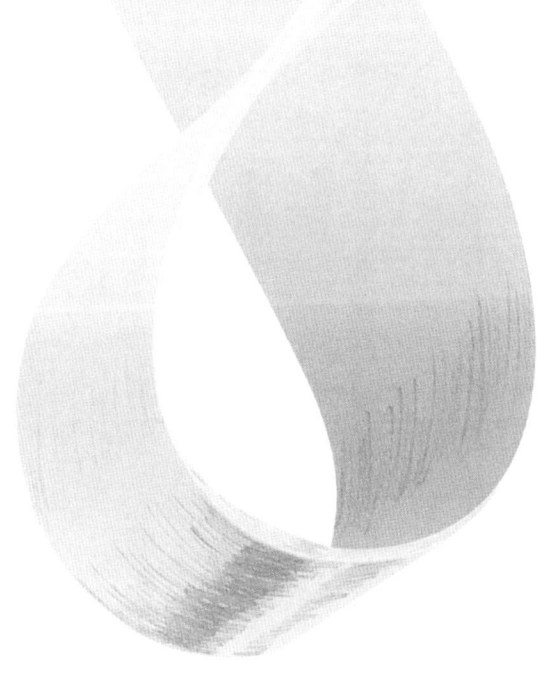

1

Incerteza Constante
Tudo muda, o tempo todo

Era o Natal de 2012, e o Facebook estava no auge de sua popularidade. Além disso, os smartphones e a fotografia eram mais onipresentes do que nunca, e o Facebook reinava como o aplicativo de upload de fotos mais famoso. Mas, com todos esses uploads de imagens, surge um novo problema para o site de rede social: havia milhões de relatos de imagens inadequadas. Seria preciso milhares de pessoas para conferir a tempo todo esse conteúdo reportado.

Essa história, que foi retratada pela primeira vez na NPR em 2015, chamou a atenção da grande massa de leitores.[1] Porém, no mundo da tecnologia, isso não era nenhuma novidade. Cada vez mais, empresas que atuam no universo digital se adaptam a uma nova realidade: empresas lançam softwares, que acabam tendo efeitos imprevisíveis, e então essas empresas enfrentam dificuldades para responder. Isso acontece porque a revolução digital trouxe duas forças muito importantes para o mundo dos negócios. A primeira delas é a incerteza: à medida que nossos sistemas de software se tornam mais complexos, prever o que as pessoas farão com eles se torna mais difícil. Buscando lidar com essa questão, empresas experientes estão adaptando seus processos, aproveitando a segunda força: mudanças contínuas. Diferente dos produtos de manufatura, produtos digitais podem ser alterados e atualizados rapidamente. Empresas que incorporam o poder da mudança contínua a seus produtos, serviços e negócios como um todo são capazes de se adaptar rapidamente diante da incerteza.

Métodos usados no passado para lidar com incertezas não funcionam mais na era digital. Planejamentos cuidadosos e rigorosos, por exemplo, falham repetidamente. Em 2013, a British Broadcasting Corporation (BBC) encerrou sua tentativa de uma década de construir um novo sistema de gestão de conteúdo. O projeto, que chamaram de Iniciativa de Mídia Digital, tinha o objetivo de viabilizar a criação, o compartilhamento e o gerenciamento de conteúdo digital pela equipe da BBC por meio de seus computadores. Depois de muitos anos, e com um orçamento perto de £100 milhões, o projeto não alcançou seus objetivos, apesar do planejamento minucioso da equipe responsável e dos patrocinadores. Os gerentes de projeto reclamaram que os requisitos mudavam constantemente, sendo tarefa impossível cumpri-los. Em outras palavras, por mais que o planejamento tenha sido minucioso, esses planos nunca funcionaram. As condições mudavam o tempo todo. O projeto da BBC fracassou.

Qualquer líder de negócios poderá lhe contar histórias semelhantes de projetos e iniciativas estratégicas relacionadas a software que não correspondiam às expectativas, ao orçamento, ao prazo estimado ou simplesmente não funcionavam como deveriam. Todos os anos, nossa sociedade desperdiça centenas de bilhões de dólares em software que acabam fracassando, principalmente porque acreditamos que as abordagens de gerenciamento da era industrial funcionarão para os problemas da era digital.

Enquanto isso, os softwares se tornaram cada vez mais uma parte fundamental para o desenvolvimento de empresas de qualquer tamanho significativo. Podemos observar o exemplo da Goldman Sachs, cujo maior setor atualmente é o de tecnologia, e ele emprega 8 mil — 25% — dos 32 mil funcionários da companhia.

Observamos produtos e serviços ao nosso redor sendo aos poucos transformados pelo software. O iPhone da Apple decretou o fim da Nokia e da RIM,* duas empresas que tinham a excelência tecnológica como princípio, mas não conseguiam lidar com a mudança imprevisível provocada pela revolução dos softwares. A Amazon teve o mesmo efeito sobre a Borders e a Barnes & Noble. O mesmo aconteceu com a Netflix e a Blockbuster.

A revolução dos softwares já está entre nós e não há como prever seus próximos passos. Clientes usam produtos de maneiras imprevisíveis. Concorrentes surgem de onde menos esperamos. Esse novo nível de volatilidade e incerteza é um dos efeitos colaterais da revolução digital. Precisamos de novas táticas de resposta.

A equipe do Facebook poderia simplesmente ter aumentado a equipe para lidar com a enxurrada de imagens "inapropriadas", mas, antes disso, analisaram o conteúdo denunciado. Com isso, a equipe do Facebook descobriu algo estranho: a maioria das imagens não era realmente inapropriada. Havia fotos de pessoas usando suéteres feios, pessoas que estavam saindo com ex-namorados e ex-namoradas de terceiros, outras em poses comprometedoras. As fotos não eram inapropriadas — nada de nudez, assédio, uso de drogas ou discurso de ódio. Mas não havia a opção de "suéter feio" na ferramenta de denúncia de imagens do Facebook, então, se alguém não gostasse de alguma imagem sua, as escolhas eram limitadas:

---

* Research In Motion (RIM) — Empresa que acabou em 2013 e atualmente se chama BlackBerry. (N. da R.)

era preciso denunciá-la de acordo com as possibilidades, e "inapropriadas" parecia ser a melhor opção.

É assim que a incerteza age. Os usuários estabelecem contato com um sistema munidos de alguma ideia sobre o que estão tentando fazer. Se não identificarem como fazer isso de forma fácil, tentarão encontrar uma maneira. Assim como a água busca caminhos ao redor de obstáculos, pegando atalhos imprevisíveis pelo caminho, um grupo de usuários encontrará maneiras mais fáceis e rápidas de atingir seu objetivo. Se encontrarem uma maneira de fazer isso em seu sistema, colocarão isso em prática, mesmo que seja preciso improvisar, como alegar que uma foto comprometedora é inadequada. E se não conseguirem encontrar uma maneira de realizar o que desejam, trocarão seu serviço por outro melhor.

A resposta da equipe de produto do Facebook veio com a tentativa de consertar a funcionalidade da denúncia — e usou o que chamamos de abordagem *sentir e responder* para lidar com a incerteza. Já que os membros da equipe não tinham certeza do que estava acontecendo, para ajudar a desvendar isso, eles começaram a atualizar o produto. Como primeira medida, adicionaram uma nova etapa ao processo de denúncia — uma pergunta surgia: "Por que você está denunciando esta foto?" Essa caixa de pergunta ajudou a descobrir que, na maioria dos casos, as pessoas ficavam constrangidas com as fotos em questão. A partir dessa informação, a equipe atualizou novamente o produto, e desta vez, nos casos de fotos indesejadas, pediam às pessoas que entrassem em contato com o autor da postagem. Isso ajudou, mas não resolveu o problema.

Em seguida, a equipe do Facebook adicionou uma caixa de mensagem na qual as pessoas podiam escrever uma mensagem diretamente para o autor da postagem, como parte da ferramenta de denúncia. A equipe testou isso. Houve uma pequena melhora. Então, adicionaram uma mensagem padrão nessa caixa de mensagem. O resultado foi melhor ainda. Os membros da equipe testaram diversas mudanças, que foram entregues a pequenos segmentos de usuários. As alterações buscavam, a cada tentativa, corrigir e obter mais informações sobre o problema.

Depois de ajustes, tentativas, perguntas e medições, a equipe foi capaz de resolver o problema. A funcionalidade da denúncia agora conta com uma categoria para fotos constrangedoras, que leva os usuários a contatar o responsável pela postagem e envia ao autor uma mensagem automática construída e testada com muito cuidado (que também pode ser alterada pelos usuários, porém isso raramente acontece).

Ainda assim, se você abrir o Facebook agora e denunciar uma foto, pode ser que veja algo diferente do que relatamos aqui. Isso pode acontecer porque, em algum lugar do Facebook, alguém provavelmente está analisando os números dessa funcionalidade, identificando um problema e realizando testes para melhorar a situação. Isso é sentir e responder, e é um processo contínuo.

Encarando a Incerteza

As incertezas enfrentadas pela equipe do Facebook são o novo normal. Essas táticas implantadas pela equipe são o padrão de modalidade de resposta que está em alta. E por mais que as táticas possam ser consideradas meramente uma abordagem de gerenciamento (medir o comportamento do cliente, testar soluções, pesar o que funciona), elas contam com a capacidade de agir, e fazer isso rapidamente. Até o momento, a resposta comum nas empresas e nos governos tem sido considerar a tecnologia como algo especializado e segregá-la das operações de negócios principais. Agora sabemos que essa abordagem não funciona, pois ela reduz a capacidade de ação da empresa.

Em outras palavras, não podemos mais nos dar ao luxo de ignorar a tecnologia — ou deixá-la apenas para os engenheiro de software. Diante disso, devemos fazer o contrário, aderir ao gerenciamento — tanto da incerteza gerada quanto das oportunidades oferecidas. A realidade é que responsabilizar seu departamento de TI pelo software é como atribuir a responsabilidade pela respiração a um departamento de oxigênio.

Testemunhando o Fim do Modelo de Linha de Montagem

Para entender o motivo pelo qual defendemos a mudança dos métodos de administração de nossas organizações, precisamos dar um passo para trás e considerar o que mudou. Grande parte da ciência da administração que não valorizamos foi desenvolvida em prol da produção de um certo tipo de produto. Nossa abordagem de gestão precisa mudar conforme a mudança da produção — criamos coisas diferentes de formas inéditas, utilizando novos materiais.

Todos nós conhecemos a história de Henry Ford e a linha de montagem: com a divisão do trabalho previsível e repetitivo em pequenas partes que poderiam ser repetidas, a Ford conseguiu revolucionar a manufatura, estabelecer uma posição dominante na indústria automobilística e mudar o modo como negócios ao redor do mundo entendem a produção de bens materiais. Esse modelo gerou muita riqueza e valorização, se destacando como o modelo principal de pensamento sobre os negócios.

Em nossa introdução anterior à tecnologia de computadores pessoais e ao software, apresentamos poucas evidências da diferença entre eles e os carros — ou qualquer um dos outros produtos de engenharia moderna que criamos através de uma linha de montagem. Notebooks, telefones e outros dispositivos de alta tecnologia que compramos são, de fato, produzidos em linhas de montagem

— certamente são versões muito avançadas desse modelo, mas não deixam de ser linhas de montagem. E os primeiros programas de software adquiridos pelo público pareciam ser como qualquer outro produto. Bastava entrar em uma loja de informática, escolher uma grande embalagem plastificada que dizia Microsoft Office ou Lotus 1-2-3 e levar para casa para instalar. Por mais que os desenvolvedores de software da época suspeitassem de uma diferença, eles realmente pareciam produtos "manufaturados".

Mas, no final da década de 1990, com a primeira onda de empresas do ramo da internet, passamos a ver o surgimento de um novo tipo de modelo de distribuição de software: o software como serviço (SaaS). Naquele modelo, o software não era instalado diretamente em nossos computadores. Na verdade, o software era executado no servidor de uma empresa e adquirido pelos consumidores virtualmente, por meio de nossos navegadores. As empresas de SaaS prometiam, entre outros benefícios, a instalação ou a atualização remota de software, sem que fosse preciso ir a uma loja para isso; a versão mais recente do *software* estaria sempre disponível porque estaria sempre em execução nos servidores da empresa.

Fugindo da Mentalidade de Manufatura Tradicional

Isso pode soar como uma pequena mudança de processo, mas a importância da mudança de paradigma dificilmente será vista como um exagero. Por quê? Porque o processo de fabricação — o processo de replicação de software em disquetes, CDs ou DVDs — não faz mais parte do processo de distribuição desse produto. E a eliminação dessa etapa traz a possibilidade de um modelo fundamentalmente inédito.

Nessa nova configuração, ocorre uma mudança no diálogo com os clientes: não é mais necessário convencê-los a adquirir uma nova versão. Basta fazer isso acontecer por meio de seu servidor. Não é necessário persuadi-los a instalar uma atualização, eles ficarão sabendo disso ao fazer o login.

O novo modelo também influencia os incentivos econômicos. Em indústrias construídas em torno da produção em massa, a eficiência da linha de montagem cobre o alto custo do lançamento de novos produtos, logo, o incentivo natural se baseia em estabelecer suas linhas de produção e, em seguida, subdividi-las ao máximo. Os fabricantes de automóveis desenvolveram um famoso ciclo "ano/modelo" de um produto para tirar vantagem disso, enquanto atendem à demanda do mercado por novos produtos. Absorvemos tão profundamente esse ritmo anual, que chegamos a basicamente entendê-lo como um fenômeno natural, mas isso não é verdade: trata-se de uma estratégia baseada no método de fabricação desses produtos.

Analise este fato impressionante: a cada 11,6 segundos, a Amazon lança um novo software.[2] Isso é possibilitado por um conjunto de técnicas chamado *continuous deployment*. Basicamente, a implantação contínua permite que os desenvolvedores de software mantenham os sistemas em estado de prontidão e os aprimorem de maneira contínua. A Amazon é uma das líderes nesse quesito, porém, lançar software diariamente está se tornando rotina para grandes empresas, e para muitas delas, esses lançamentos acontecem várias vezes ao dia.

O que isso significa para os gestores? Acreditamos que é seguro dizer que isso muda tudo. No mundo digital, "fabricações" foram extintas. Mudar custa caro em um mundo guiado pela fabricação; um produto passa pela etapa de fabricação toda vez que é alterado, e isso acarreta custos. Portanto, há um incentivo para limitar a frequência de atualização de nossas manufaturas. Porém, se essa etapa do processo é eliminada, removemos essa restrição. Em vez disso, tais limitações se encontram em outra parte do sistema — o nível de tolerância dos clientes em relação às mudanças, por exemplo, ou a quantidade de mudanças que podem ser feitas sem que precisemos reduzir a qualidade ou aumentar outros custos. Mas, conforme o exemplo de líderes como a Amazon, essas restrições são muito menos limitantes do que podemos imaginar. Na prática, agora podemos apresentar continuamente novas funcionalidades, capacidades e novos serviços aos nossos clientes e à nossa equipe interna, em um ritmo impressionantemente rápido.

Encontrando Valor na Incerteza

Por que a Amazon lança software com tanta frequência? Não se trata apenas de poder. Na verdade, o grande fluxo de lançamento de software é apenas um elemento na abordagem de sentir e responder. Tal abordagem de trabalho envolve ciclos rápidos de *sentir* a demanda do mercado e de *responder* rapidamente. Como vimos no exemplo do Facebook, essa abordagem permite que as equipes entendam a complexidade, reduzam a incerteza e encontrem soluções eficazes.

Analisaremos a seguir alguns benefícios desse modo de trabalho.

Prestando Serviços

A primeira geração de software de consumo transformou nossa forma de trabalhar. Planilhas e processadores de texto foram responsáveis pelo crescimento da produtividade pessoal. Mas os produtos dessa primeira geração também eram inflexíveis. Ou seja, quando as organizações tentavam oferecer serviços por meio do software, o resultado costumava ser terrível. Ineficiente. Confuso. Difícil de usar.

Imagine que está ligando para um *call center*, talvez para falar sobre sua conta de telefone. Quantas vezes já testemunhou um operador enfrentando problemas com seu sistema de computador? Antigamente, os processos empresariais e o comportamento do cliente eram frequentemente obrigados a se adaptar à maneira como os software funcionavam, uma vez que a velocidade de transformação do software disponível era lenta demais. Certa vez, escutamos a conversa de um grupo de executivos do ramo de plásticos industriais, na qual comparavam *benchmarks* em seu processo de atendimento ao cliente. Eles falavam sobre quantos pedidos cada empresa processava por dia. Parecia que a média ficava em torno de trinta pedidos por dia. Então, um executivo falou: "Antigamente processávamos cerca de trinta por dia. Então, instalamos um novo sistema de recebimento de pedidos. Hoje, cuidamos de aproximadamente dois por dia."

Diante dessa possibilidade de alteração contínua de software, as empresas agora conseguem oferecer um atendimento ao cliente baseado, mediado ou simplesmente suportado por um software. Só agora os softwares, que também podem ser inflexíveis, atingem seu potencial facilitador, e essa flexibilidade de processo oferece uma nova flexibilidade geral quando se trata de fornecer serviços ao mercado. No passado, um serviço lançado não poderia ser alterado, mas agora podemos aprimorá-lo e ajustá-lo até que funcione corretamente. Caso seja preciso alterar alguma regra ou processo, o software que oferece suporte pode ser ajustado com facilidade.

Reduzindo o Risco

Se você acompanha as notícias, já ouviu falar de projetos de tecnologia gigantescos que fracassaram. O CIO.com publicou recentemente uma matéria bastante direta intitulada "O sucesso do projeto de software empresarial permanece indefinido".[3] Analistas da indústria do The Standish Group, que estudam os resultados dos projetos de tecnologia, têm feito o *benchmarking* do setor há anos. Seu estudo mais recente aponta que a taxa de falhas de TI chega a 70%, um número que não é tão bom, mas ainda é melhor em comparação aos índices da década de 1990, que chegavam a 80%.

Em Massachusetts, por exemplo, o governo estadual gastou mais de 19 anos e mais de US$75 milhões em um sistema para conectar os diferentes tribunais estaduais. O tempo estimado de duração era de 5 anos. Porém, passados 19 anos, a maioria dos críticos acredita que o projeto ainda está inacabado e inútil: um fracasso que custou muito caro.

Os métodos de sentir e responder podem ajudar nessa questão. Os projetos de TI tradicionais tendem a adotar uma abordagem de *"big bang"*, na qual o software só é lançado ao público depois de finalizado. Ou seja, é difícil afirmar que a equipe responsável pela construção do sistema está no caminho certo até o fim do projeto. Porém, uma abordagem fundamental e ágil do método de sentir e responder resolveria esse problema, liberando constantemente pequenas partes do sistema desde os primeiros dias de vida do projeto. Isso reduz o risco de desvio de curso para a equipe de software, pois cria transparência. Fica mais fácil visualizar o caminho seguido pela equipe, já que seu trabalho é sempre compartilhado.

Essa transparência é fundamental, pois permite um ciclo de feedback. O software está funcionando? Atende às necessidades do usuário? Gera os resultados desejados pela empresa? Por que esperar até a conclusão do projeto para descobrir isso?

Otimizando a Geração de Valor

Coloque-se no lugar de um executivo da Amazon no comando de um grande negócio de comércio eletrônico e faturando quando as pessoas compram de você. Para realizar compras em sua plataforma, as pessoas devem concluir o processo de *checkout* por meio do *site*. Então, otimizar o fluxo de *checkout* é interessante para você, para que essas pessoas possam navegar pela plataforma com sucesso. Sua intenção não é confundi-las e nem as distrair. Seu desejo é que sigam o fluxo até concluírem a transação.

Uma técnica de otimização usada tanto pela Amazon quanto por empresas semelhantes é o lançamento de diferentes versões de uma parte de seu site — por exemplo, o fluxo de *checkout* —, direcionando o tráfego de entrada para suas diferentes versões, visando comparar o desempenho de cada uma delas. Esse é o método científico em ação. Ele é chamado de *teste A/B* e se tornou uma técnica padrão no mundo virtual. O Facebook, por exemplo, usou essa técnica para testar soluções para o problema de denúncia de fotos. Empresas como a Amazon realizam muitos testes diariamente para otimizar seus fluxos continuamente. E por mais que essas otimizações não pareçam muito valiosas, na verdade, são muito importantes. O caso de um grande varejista online que alterou o texto em *um botão* no fluxo de *checkout* ficou famoso por ter aumentado a receita anual da empresa em US$300 milhões.[4]

Em 2012, a equipe de Obama usou essa técnica em quase todos os lançamentos no site da campanha. Em uma certa ocasião, a equipe desejava otimizar a página de doações, então testaram muitas variações antes de decidirem pela tentativa de adicionar uma simples citação do presidente à página. Essa página, em comparação com a versão anterior, sem o texto de Obama, gerou um aumento de 11,6% nas doações. Pode não parecer muito, mas considerando o volume, essa simples mudança aumentou as doações em milhões de dólares durante toda a campanha.[5]

Essa abordagem de otimização acontece graças a dois fatores importantes. Primeiramente, é preciso ter uma infraestrutura técnica para executar esses testes, reunir os resultados e direcioná-los rapidamente às pessoas certas. O segundo fator é o mais importante: atitude gerencial. Os gestores precisam ser capazes de admitir que não têm todas as respostas e devem estar dispostos a submeter suas ideias a testes no mercado, dentro das circunstâncias ideais. Essa nova mentalidade gerencial é apenas a primeira das grandes inovações gerenciais que precisamos adotar para que as empresas tenham sucesso na era digital.

Reconhecendo os Valores Emergentes

Para entender aquilo que chamamos de "valores emergentes", precisamos parar e considerar a natureza dos produtos e serviços possibilitados pela tecnologia.

No início da revolução da computação, quando os primeiros PCs chegaram ao mercado, falava-se sobre um "aplicativo matador" ("*killer app*", em inglês) — um aplicativo que seria tão útil e atraente, que faria a compra dessas máquinas decolar. Pode-se afirmar que as planilhas — primeiro a VisiCalc e depois o Lotus 1-2-3 — foram as responsáveis pela maioria das compras iniciais de PCs. Para outros, o tal aplicativo matador era o processador de texto. Mas em ambos os casos, esses programas possibilitaram usos semelhantes: uma pessoa sentada em um computador, interagindo com o software e adquirindo mais produtividade por meio de uma ferramenta mais eficiente.

Agora considere o aplicativo matador da atualidade. Imagine um computador sem conexão à internet. Ou pior ainda, visualize seu smartphone em modo avião. Nossos dispositivos são praticamente inúteis sem conectividade — eles perdem a maior parte de seu valor. Isso acontece porque, cada vez mais, nossos sistemas de tecnologia nos conectam a serviços e, ainda mais importante, a *outras pessoas* através da internet. Usamos o Twitter e o Facebook para compartilhar notícias e informações, a Amazon para fazer compras, a Uber para solicitar prestadores de serviço, o Google Maps e o Waze para navegar com informações de trânsito em tempo real fornecidas por outros usuários da plataforma. Nossos "aplicativos" não são mais programas independentes em nossos PCs.

E não se trata apenas de usuários fazendo coisas novas com essa tecnologia interligada. Cada vez mais, empresas oferecem seus serviços essenciais por meio dessas conexões virtuais. O Simple Bank é um exemplo de banco inteiramente digital, embora existam pessoas reais trabalhando nos bastidores. O Vigilantes do Peso agora complementa seus canais tradicionais com um aplicativo para smartphone que permite aos clientes se conectarem a *coaches* de emagrecimento.

Foi preciso uma nova abordagem de gerenciamento para desenvolver esses novos sistemas. Ao conectar aplicativos a sistemas de comunicação maiores, podemos notar um enorme crescimento no nível de complexidade e, portanto, no nível de incerteza. É difícil prever como as pessoas usarão os sistemas e, consequentemente, em quais partes do sistema encontrarão valor.

Pense nas hashtags. Essa forma onipresente de marcação de conteúdo e conversas na internet surgiu com os usuários do Twitter em 2007, para que pudessem rastrear suas conversas. Essa funcionalidade não foi planejada ou introduzida pelo Twitter. Na verdade, os usuários do sistema começaram a marcar suas conversas usando "#" (o jogo da velha, ou "*hash*", em inglês) antes da palavra-chave. Essa técnica se tornou popular entre os usuários, pois podiam estabelecer *tags* e usar a funcionalidade de pesquisa comum do Twitter para encontrar todas as publicações que usavam essa mesma marcação. Ou seja, isso agregou valor e seu uso se disseminou. Somente em 2009, dois anos depois, o Twitter respondeu criando funcionalidades no sistema especificamente voltadas para as hashtags. A plataforma passou a vincular automaticamente todas as *tags*, e ao se clicar nelas, apareciam resultados de pesquisa para a mesma marcação.[6] Agora o Twitter transformou a hashtag em um produto que gera receita: é possível comprar anúncios que usam hashtags específicas para seu público-alvo.

A história das hashtags é um exemplo de como uma empresa respondeu (um tanto quanto devagar) ao comportamento imprevisível de seus usuários, capturando e gerando valor. Com esse relato, podemos ver a relação entre valor de usuário e negócio. Adquirimos uma base para entender as demandas dos clientes quando entendemos o que desejam, o que resulta também em valor de negócio.

Porém, as empresas que não estão preparadas para aproveitar a imprevisibilidade do comportamento de seus usuários acabam tendo grandes problemas. No exemplo da BBC *Digital Media Initiative* citado anteriormente, os gerentes de tecnologia reclamavam que os usuários internos alteravam os requisitos do sistema o tempo todo, o que resultou no fracasso do projeto. Fala-se muito sobre isso no mundo da tecnologia — como forma de encontrar culpados, seja os usuários inconstantes ou os engenheiro de software que não reagiram às mudanças. A realidade é mais sutil do que isso. Por mais que estudos e análises que abordam as necessidades do usuário minuciosamente tenham seu valor e sua importância, nem sempre são suficientes. Muitas vezes, *não sabemos* os requisitos com antecedência, e com um sistema em atividade, descobrimos novas demandas e, consequentemente, novos requisitos.

Esse é outro exemplo da incerteza em ação. Como observamos na história da hashtag, se as empresas receberem a incerteza de braços abertos, conseguirão encontrar novas ideias a partir dos comportamentos imprevisíveis dos usuários que emergem de situações incertas. Esse fenômeno — comportamento emergente — se torna um valor emergente quando existe uma resposta adequada. Por outro lado, quando as empresas tentam prever o futuro e rejeitar a realidade que se apresenta, a lacuna entre planejamento e realidade provavelmente levará à decepção, à culpabilização, a atrasos e a projetos fracassados.

No entanto, responder de forma adequada não é uma tarefa fácil. Para tal, os gestores precisam adotar uma nova mentalidade e estar dispostos a ajustar o planejamento diante de novas informações. Essa nova mentalidade recebe a mudança contínua e a incerteza de braços abertos, busca feedback do mercado e demonstra disposição para considerar esse feedback, buscando oportunidades para criar valor. Em resumo, é preciso que os líderes assumam que não sabem a resposta, mas que desejam encontrá-la em equipe.

Adaptando-se a um Contexto Complexo

A expressão "não sei" era um tabu para os líderes do século XX. Admitir incerteza — para si mesmo ou para os outros — era um sinal de fraqueza. Essa mentalidade ainda é comum em muitas organizações e é um problema principalmente quando se trata de buscar valor emergente em *sistemas adaptativos complexos*: sistemas com muitos componentes que se comportam e interagem de forma que se torna impossível fazer previsões. Em nosso contexto, são sistemas em que a interação é imprevisível, assim como determinar quais funcionalidades serão bem aceitas pelos usuários.

David Snowden e Mary E. Boone descrevem, em um artigo na *Harvard Business Review*, como esses sistemas são diferentes dos sistemas mecânicos da era industrial.

> Podemos dizer que é praticamente a mesma diferença entre uma Ferrari e a floresta tropical brasileira. Ferraris são máquinas complicadas, mas um mecânico especialista pode desmontá-la e remontá-la com precisão. O carro é estático e o todo é a soma de suas partes. Já a floresta tropical tem

um fluxo contínuo — uma espécie entra em extinção, os padrões climáticos mudam, um projeto agrícola redireciona uma fonte de água —, e o todo é muito mais do que a soma de suas partes. Esse é o reino dos "desconhecidos a desvendar", e muitos dos negócios contemporâneos têm adotado essa doutrina.[7]

Não se pode capitalizar o valor desses sistemas sem abraçar a incerteza. É por isso que muitas organizações caminham em direção ao ciclo contínuo, pequeno, rápido, experimental e adaptativo, tão essencial para a abordagem sentir e responder. Com pequenas mudanças contínuas e medindo os resultados, as equipes descobriram na prática exatamente o método que os teóricos recomendam para lidar com esses contextos complexos.

Comparando Antigos Métodos com o Modelo Sentir e Responder

No começo da revolução digital, que trouxe novos níveis de complexidade e incerteza, a maioria das empresas tentou administrá-la usando técnicas da era industrial que funcionavam bem até então. Para nós, os softwares eram simplesmente como as Ferraris, usando a analogia de Snowden e Boone. Os métodos utilizados para produzi-los e de gerenciamento de nossos negócios para acomodar seu impacto não mudaram.

Aprendemos a gerenciar melhor os software à medida que nosso conhecimento sobre eles se tornou mais refinado. Nossas abordagens — os métodos ágeis que se tornaram onipresentes — nos permitiram tratar esses softwares como uma floresta tropical. Nosso processo de gerenciamento de software está mais para engenharia florestal do que mecânica.

Agora podemos dar início ao próximo passo. Conforme percebemos o nível de confiança que seguimos depositando nos sistemas de software, e como a revolução digital conectou profundamente nossos negócios ao resto do mundo por meio desses sistemas, é preciso que passemos a gerenciar nossos negócios com as técnicas aplicadas aos softwares. Ou seja, em vez de gerenciar os softwares do mesmo modo que nossos negócios, precisamos gerenciar nossos negócios da mesma forma que gerenciamos nossos softwares.

Compreendendo o Ritmo Contínuo de Equipes Autônomas

As equipes devem ser tão independentes quanto suas ações para operar nesse novo ritmo contínuo. Elas precisam ser livres para experimentar e aprender. Isso significa que as equipes precisam de mais autonomia para tomar decisões. A abordagem da linha de montagem da era industrial buscava separar o pensamento (domínio da administração) da ação (domínio do trabalhador) e tentou transformar trabalhadores em máquinas de linha de montagem. Mas as pessoas não são máquinas — e o processo de sentir as demandas do mercado e responder prontamente não é tão propício às abordagens de minimização de pensamento e decisões semelhantes. As decisões que podem ser tomadas de cima para baixo, de maneira hierárquica, e com fluxo de trabalho mensurável e previsível, existem em menor quantidade neste novo mundo. Em vez disso, outras decisões precisam ser tomadas de baixo para cima, por pessoas com experiência de trabalho com o material e com acesso às novidades. Essas pessoas estão mais perto do mercado, e não do topo da organização.

Vejamos o exemplo da Etsy, uma startup de *e-commerce* com dez anos de mercado e sediada em Nova York. A empresa nada mais é do que um mercado em que os compradores podem adquirir produtos artesanais de mais de um milhão de vendedores autônomos; podemos entender a Etsy como a maior feira de artesanato online do mundo. A empresa, que é famosa por sua cultura de experimentação contínua, testa e otimiza o design de seu site e aplicativos móveis continuamente por meio de testes A/B, como os que mencionamos anteriormente. A plataforma desenvolve múltiplas versões de suas funcionalidades e as disponibiliza por um curto período para um pequeno (mas cuidadosamente selecionado) número de usuários e, em seguida, monitora os resultados. Seus sistemas sofisticados permitem à Etsy reverter projetos malsucedidos e implementar alterações bem-sucedidas para grupos maiores de usuários. E tudo isso acontece de modo muito rápido. Por meio de técnicas de implantação contínua — muitas inventadas pela própria empresa —, a Etsy é capaz de realizar diversas pequenas alterações em seu site de maneira contínua, o que chega a acontecer de quarenta a cinquenta vezes por dia. A Etsy também é famosa por sua cultura descentralizada, em que cada equipe é livre para experimentar, aprender e se ajustar, de acordo com as diretrizes estratégicas.

A Etsy é uma startup que trabalha exclusivamente com software, conta com cerca de 800 funcionários, fatura cerca de US$275 milhões por ano e totaliza aproximadamente US$2 bilhões em vendas totais de mercadorias.[8] Portanto, embora o uso dessas técnicas seja impressionante, trata-se de uma empresa de natureza digital.

E quanto às indústrias mais tradicionais?

Administrando uma Empresa Automobilística como uma Empresa de Tecnologia

Já que mencionamos as linhas de montagem de Henry Ford, vejamos a indústria automotiva, que sofre constantes alterações por conta da tecnologia digital.

Sentir e Responder

Em março de 2015, a Tesla Motors, então uma fabricante de carros elétricos em ascensão, anunciou que resolveria um de seus maiores obstáculos que lhe impedia de obter sucesso, um problema chamado "ansiedade de alcance": o medo de que a bateria do carro elétrico acabe na rua, sem ter uma estação de carregamento por perto. Elon Musk, fundador da empresa, prometeu que lançariam uma nova funcionalidade para resolver essa questão.

Durante cerca de uma semana, a imprensa e o público, já curiosos, se perguntavam: como a Tesla resolveria esse problema? Então, em uma entrevista coletiva, Musk revelou a solução, uma nova funcionalidade chamada "garantia de alcance". A funcionalidade monitoraria o uso de energia e as condições de direção em tempo real (qual era a velocidade atual? Quais eram as condições climáticas? Tratava-se de uma estrada plana ou acidentada?), para prever continuamente a energia restante. Ao mesmo tempo, a funcionalidade informaria a localização da estação de carregamento mais próxima. Com essa funcionalidade, quando fosse necessário carregar o veículo, um alerta seria emitido, fornecendo as coordenadas até a estação ideal. A energia nunca lhe deixaria na mão, disse Musk, a menos que se fizesse por onde.

Os repórteres, que talvez sentissem que seria uma pequena conquista para modelos futuros, perguntaram quando essa funcionalidade estaria disponível. E o que Musk respondeu? A imprensa foi informada de que todos os proprietários de veículos da marca receberiam a atualização logo após a coletiva — uma atualização seria feita nos carros que já tinham — por meio de um software que estaria disponível na internet e poderia ser instalado nos Teslas por wi-fi.

Logo após a entrevista coletiva, a *Consumer Reports* publicou em seu Twitter:

> A grande novidade do anúncio da @TeslaMotors foi o lembrete de que os carros podem melhorar com o tempo, assim como qualquer outro dispositivo eletrônico.[9]

Resumindo, assim como nossos smartphones e computadores, passamos a ver carros que se atualizam automaticamente. E todos os outros produtos de manufatura tradicionais serão os próximos a passar por isso.

Aprimorando Produtos Físicos com Software

Não damos atenção ao fato de que os produtos se sofisticam cada vez mais a cada dia, então talvez não seja nenhuma surpresa que os carros da Tesla estejam ficando mais sofisticados. Mas esse exemplo não aborda apenas um produto mais inteligente; outras dimensões da indústria automobilística também estão mudando. Esses carros não precisam do auxílio de uma concessionária ou mecânico para serem aprimorados — a Tesla pode enviar uma atualização à distância, pela internet —, então o processo de manutenção se transforma. A Tesla também monitora o uso de um carro ao longo do tempo, para saber quando ele precisará de manutenção.

Portanto, os softwares são agentes de transformações em nossos produtos — neste caso, o carro — e nos processos de manutenção. E ainda tem mais. Eles também incitam mudanças no ciclo básico de lançamento da indústria automobilística. Para aproveitar as funcionalidades mais modernas, não será necessário trocar para um modelo mais moderno. Em vez disso, fabricantes podem lançar novas funcionalidades sempre que elas estiverem prontas.

Criando Hardware como se Fosse Software

A fabricante de telefones chinesa Xiaomi nos oferece um exemplo extremo dessa nova capacidade de lançar produtos rapidamente. Fundada em 2010, a empresa lança aparelhos celulares em pequenos lotes — 100 mil unidades todas as terças-feiras —, e todos os lotes esgotam rapidamente. O mais impressionante é o seguinte: a Xiaomi atualiza continuamente seus produtos de acordo com os comentários dos usuários extraídos de fóruns online. Portanto, uma ideia sugerida por um cliente pode acabar na mesa do gerente de produto ou do engenheiro e ser lançada em questão de dias. Mais uma vez, essa é uma empresa que se empenha em estabelecer um diálogo bidirecional com seus clientes.

Essa capacidade de lançar pequenos lotes de produtos com as funcionalidades mais recentes e cobiçadas fornece à Xiaomi uma grande vantagem competitiva. A empresa recebe feedback imediato sobre as demandas do mercado, sem que precise adivinhá-las. No mundo da manufatura, se a intuição falhar, pode-se acabar pagando muito caro, caso seu estoque esteja repleto de produtos que ninguém quer comprar. Possibilitando a coleta de feedback e produção de aparelhos em pequenos lotes, a tecnologia digital limita o risco de suas mercadorias encalharem. Caso você tenha experiência com o ramo do varejo, sabe dos desafios envolvidos na previsão da produção, assim como o custo de esforços que se mostraram equivocados. Ao usar táticas do mundo digital, a Xiaomi é capaz de limitar a incerteza das previsões de longo prazo, produzir pequenos lotes de produtos e estabelecer um nível de certeza sobre eles, ou seja, que seus produtos são exatamente aquilo que o cliente deseja — em outras palavras, o produto venderá bem.

Aprendendo Novos Papéis, Novos Métodos e Novas Atividades

Em todos os casos analisados, da Etsy até a Xiaomi, percebemos que as equipes estão aproveitando o benefício do tempo real trazido pela tecnologia digital para estabelecer um diálogo bidirecional com o mercado — para sentir e responder. Elas identificam quais clientes precisam de atenção e serviço. Com base em suas percepções, decidem quais funcionalidades lançar ou quais processos de negócios devem ser ajustados. Os dados que coletam são poderosos e, ao mesmo tempo, desestabilizadores: provocam mudanças radicais de planos, *road maps* e cronogramas. Quando se tem informações em tempo real sobre um mecanismo que precisa de manutenção, não é comum que você priorize esses dados, em vez de um cronograma de manutenção planejado? Ao descobrir uma necessidade do mercado, como a ansiedade de alcance, que é um problema sério para seus clientes, para que esperar até o próximo ano para resolver essa questão quando você pode corrigi-lo amanhã?

Por outro lado, agora existem novos problemas. Como construir uma campanha de marketing em torno de novas funcionalidades atraentes se você não sabe quando serão lançadas — ou mesmo quais funcionalidades são essas? Como se comprometer com seus clientes se não tiver certeza do que poderá entregar a eles? Como coordenar a atividade de várias equipes sem um planejamento?

No fim das contas, é preciso mudar a maneira como todas as partes da empresa operam e aquilo que se entende como "planejamento". Mudar seu método de fabricação e, em seguida, deixar que o resto da empresa opere como se nada houvesse acontecido não é o suficiente. A BBC tentou fazer isso em seu projeto de mídia digital. Esse projeto precisava envolver ativamente os gerentes de fora da área de software, em vez de simplesmente tratá-los como consumidores passivos. Era preciso o insight desses gerentes e de outros usuários para entender o que sistema precisava oferecer aos consumidores. Mas, por algum motivo, os gerentes se recusaram a se envolver mais profundamente. Com isso, deixaram de alimentar o projeto com o combustível do qual precisava para sobreviver — o feedback dos usuários internos — e contribuíram para o fracasso da iniciativa. Para criar o tipo de diálogo contínuo necessário para prosperar no mundo digital, devemos entender que isso mudará a maneira como as pessoas em toda a organização interagem.

Isso significa que precisamos considerar e mudar o modo como nossos times operam. Precisamos mudar o modo como vemos a criação, o mercado, nossos produtos e serviços. Precisamos mudar o modo como lidamos com nossos clientes, as partes interessadas e os usuários durante esses processos.

Essas mudanças vão muito além do trabalho de engenheiros e designers de software. Os gerentes de produto precisaram repensar sua maneira de planejar *road maps* e os orçamentos como um todo. Os gerentes tiveram que ajustar sua abordagem de coordenação e planejamento, mudar seus modelos de vendas e seus contratos com fornecedores, e, obviamente, gerentes seniores e líderes executivos enfrentam uma onda gigantesca de planejamento que vem de baixo para cima, desafiando suas expectativas, sua liderança e sua autoridade. Notamos que as organizações que realizaram ajustes de abordagens para aproveitar essa energia dão início a uma transição suave rumo à era pós-industrial. Mas as organizações que continuam a impor o planejamento centralizado e hierárquico da era industrial enfrentam dificuldades. Se houver empenho, as engrenagens podem continuar trabalhando intensamente.

Adotando uma Mentalidade Contínua: Mais do que Apenas Ouvir o Cliente

Identificamos muitas empresas que se encontram nesse estado de colocar as engrenagens para funcionar. Suas equipes de tecnologia avançam (ou pelo menos tentam) em ritmo contínuo e passam a adotar uma mentalidade igualmente progressiva que torna tudo isso possível — porém, as companhias enfrentam dificuldades na integração dessas equipes com o resto da empresa. Isso acontece porque o restante da companhia ainda não tem um referencial de operação nesse ritmo.

Há anos as empresas falam sobre a necessidade de "ouvir o consumidor". Mas só ouvir não é o suficiente. Com a tecnologia digital começando a impulsionar todos os elementos dos negócios, veremos organizações com dificuldade em gerenciar a incerteza em diversas frentes. Equipes de tecnologia e teóricos convergiram para uma maneira de lidar com esse problema: usar métodos ágeis, pequenos experimentos rotineiros, colaboração profunda entre funções dentro e fora das empresas e uma mentalidade contínua. Sentir e responder integra essas ideias e ajuda as empresas a ouvirem e responderem rápida e flexivelmente. Isso é mais do que ouvir os clientes, trata-se de uma conversa bidirecional contínua.

Conclusões de Sentir e Responder Para Gestores

- ✓ Por conta da revolução digital, as empresas enfrentam novos níveis de complexidade e incerteza.

- ✓ A abordagem de gerenciamento de incertezas da era industrial se resumia a planejar minuciosamente. Essa abordagem não funciona com sistemas de software complexos. Planos minuciosos se desfazem diante da realidade.

- ✓ A melhor forma de lidar com as incertezas é adotar uma abordagem contínua, em pequenos atos, que se guie pela vontade de desvendar o caminho para seguir em frente.

- ✓ Essa abordagem, nascida no mundo do software, se mostra cada vez mais relevante para todo tipo de empresa, porque muitas operações estão vinculadas de alguma forma aos softwares.

2

Sentir e Responder

Aprendizado contínuo

Como a abordagem de sentir e responder cria conversas bidirecionais com o mercado? Como as equipes criam valor por meio dessas conversas? Vejamos um exemplo.

Em 2014, a Time Inc. pediu ajuda à nossa empresa para criar uma nova oferta de produto digital para sua revista *Cooking Light*. Ao longo dos últimos trinta anos, a *Cooking Light* construiu uma reputação como uma fonte confiável de receitas saudáveis. Com o setor de revistas em maus lençóis, as assinaturas em papel e a receita de anúncios em declínio, a equipe de gerenciamento da *Cooking Light* enfrentava um desafio. Eles tinham um arquivo considerável de receitas, dicas e conselhos sobre alimentação saudável que, tradicionalmente, era compartilhado em conversas unilaterais — em outras palavras, na forma impressa. A necessidade do conteúdo existia, talvez mais do que nunca — os norte-americanos buscavam alternativas saudáveis em detrimento de uma alimentação *fast food* —, ainda assim, a *Cooking Light* não conseguia lucrar com essa tendência.

Pior, seu antigo modelo de negócios estava lentamente fracassando. Eles precisavam urgentemente de novas fontes de receita.

Priorizar o Aprendizado, e Não a Entrega

A equipe da *Cooking Light* precisava descobrir que tipo de serviço forneceria um valor atraente para os leitores. Os membros da equipe tinham muitas ideias, mas não sabiam quais funcionariam, então o primeiro foco deveria ser sobre aprendizado, e não em construir qualquer coisa.

Esse é o princípio orientador para organizações que aplicam o princípio de sentir e responder. Deve-se começar criando uma conversa com seus clientes para se aprender primeiro, e só então refinar e entregar. A criação de esforços iniciais e de sondagem ajudará a determinar qual versão de sua ideia terá mais apelo para seus clientes, dando partida, assim, ao processo de aprendizado contínuo. Sem o aprendizado, corre-se o risco de entregar um produto ou serviço que não tenha valor para ninguém. Quanto mais cedo descobrir se suas estratégias de negócios justificam investimentos adicionais, menos tempo será perdido em empreendimentos infrutíferos. Ou seja, quanto mais cedo você descobrir se há algo de errado, melhor.

Os membros da equipe da *Cooking Light* decidiram testar aquela que consideravam a melhor ideia — um novo tipo de serviço de dieta que entregava receitas saudáveis via e-mail aos usuários: a Cooking Light Diet. Eles começaram o aprendizado pela criação de uma *landing page*: um site de uma única página projetado para comercializar um novo produto ou serviço, geralmente antes de sua existência propriamente dita. A equipe criou três versões dessa página, cada versão com variantes de três elementos:

- Uma descrição clara do serviço.
- O custo do serviço.

- Um modo para que os clientes pudessem se inscrever em uma lista de espera para o serviço.

Sim, havia um quarto elemento: a página era bonita.

Essas páginas atuavam como a primeira versão do produto. Não tinham muita função, mas a ideia era a de que dessem início à conversa. Se o teste funcionasse, ajudaria a equipe a aprender muito rapidamente como chegar até os clientes que desejavam alcançar. Se não funcionasse, eles não teriam investido muito tempo ou esforço e poderiam tentar novamente.

Os membros da equipe da *Cooking Light* queriam primeiro descobrir — sentir — se suas ideias garantiam investimento adicional, e, nesse caso, as *landing pages* são ferramentas de aprendizagem de baixo risco. Tais interações iniciais do produto permitem que uma equipe perceba o interesse e a intenção do cliente, a percepção do valor e da sensibilidade ao preço disponibilizado ao público. É um modo rápido de aprender. O esforço para criar e lançar um teste de *landing page*, ou até mesmo três, é trivial quando comparado à construção de um serviço totalmente funcional.

O esforço dedicado a tal processo foi medido em dias. Geralmente, uma *landing page* leva algo como um dia para ser criada, e normalmente o teste retorna resultados úteis em uma semana. Em comparação com as atividades de pesquisa de mercado tradicionais, que geralmente levam semanas ou meses, a equipe teve uma noção do mercado muito mais rapidamente.

Nesse primeiro teste, a equipe recebeu ótimas notícias: tanto leitores assíduos quanto não leitores da *Cooking Light* inscreveram-se na lista de espera desse novo serviço, e com números bem acima da média. Essa alta taxa de engajamento com o produto inicial validou o desejo da equipe de investir mais e construir a próxima versão do produto.

Abraçando a Incerteza: Perguntas, em Vez de Planos

A equipe da Cooking Light Diet tinha dois pontos iniciais: um objetivo estratégico e uma lista de perguntas, uma abordagem realmente modesta e humilde para uma nova iniciativa importante como essa. Mas diante de todas as incógnitas — a incerteza discutida no Capítulo 1 —, eles sentiram que não tinham escolha.

Para eles, o cenário era o seguinte: entre seu estado atual (declínio de assinaturas e dos pagamentos a partir de anúncios no site) e seu estado final desejado (um serviço de alto valor que impulsionaria o crescimento da receita da empresa, aproveitando os ativos e pontos fortes já existentes), havia uma nebulosidade. Eles enxergavam vários passos entre a névoa (uma demanda por seu conteúdo e a vontade de pagar por ele), mas, além disso, o caminho era obscuro. Qual serviço deveria ser construído? Como deveriam implementá-lo? Qual deveria ser o primeiro segmento de mercado em foco?

A abordagem mais típica e com inspiração na era industrial seria criar um plano detalhado antes do início do trabalho. E, na verdade, a equipe tinha orçamento suficiente para dar muitos passos em uma única direção e torcer para que estivessem no caminho certo. Eles poderiam ter dedicado muito tempo e dinheiro a isso, mas perceberam que era uma abordagem arriscada. Como, exceto pelos próximos passos, todo o restante estava obscurecido, a equipe assumiu um risco no nível de uma queda de penhasco. Cada pequena etapa que reunia evidências — por exemplo, o teste da *landing page* — permitia que detectassem novas informações, diminuíssem as incertezas e ajustassem sua direção.

Testes de *landing page*, experimentação e aprendizado contínuo com o mercado são elementos da "metodologia da startup enxuta", abordagem definida por Eric Ries em seu famoso livro de mesmo nome.[1] Ries propôs a ideia de que startups e outros empreendimentos novos de alto risco fossem encarados como experimentos. O objetivo do experimento não é determinar se uma organização *pode* construir um novo serviço ou produto. Na verdade, tais experimentos, baseados na coleta rápida de feedback do mercado, determinam se a organização *deve* trabalhar com eles. Em outras palavras, ele propõe que consideremos o risco de mercado primeiro e, então, o risco técnico.

A startup enxuta é derivada do sistema de produção da Toyota, também conhecido como *lean manufacturing*. Taiichi Ohno, pai do pensamento enxuto, trabalhou com Eiji Toyoda na Toyota do Japão pós-guerra pensando na criação de um sistema que maximizasse o valor, fizesse uso eficiente do capital limitado e acabasse com o desperdício. A dupla acreditava que um sistema — seja empresa, produto ou projeto — está sempre na transição de dúvida para certeza a partir de uma busca contínua pela perfeição. Cada passo na direção da perfeição e da valorização para o cliente é valioso. Todo o resto é desperdício.

Compreendendo a Nova Unidade de Progresso: Perguntas Respondidas

Aprender, ou seja, passar da dúvida para a certeza, geralmente é um processo que envolve tentativa e erro. E é assim que aprendemos a dar nossos primeiros passos, a andar de bicicleta, a ler ou a tocar um instrumento. Em outras palavras, aprendemos por meio da ação. Quando delegamos equipes a projetos, então nosso objetivo é o de que consigam agir e que, especificamente, tirem lições disso.

No modelo mais antigo, inspirado na era industrial, a tendência era confiar o aprendizado a um cuidadoso estudo prévio, e ao entrarmos em ação, considerávamos o fim do aprendizado. A abordagem de sentir e responder é diferente, há menos ênfase no estudo inicial e mais no aprendizado por meio da ação. A ideia é a de que nossas equipes tenham a oportunidade de experimentar coisas novas e que não sejam culpadas por suas tentativas "fracassadas". Cada resposta coletada por uma equipe — positiva ou negativa — é uma unidade de progresso que aumenta o conhecimento coletivo de seus integrantes e permite que façam uma pergunta melhor — em outras palavras, melhorem sua conversa com o mercado — da próxima vez.

A essa altura, a equipe da Cooking Light Diet havia respondido ao seu primeiro conjunto de perguntas. Os testes de *landing page* ajudaram a encontrar uma ideia plausível, que prometia encaminhá-los para seu objetivo estratégico. Além disso, haviam construído uma lista substancial de clientes dispostos a pagar pelo serviço. Agora era a hora de a equipe passar para o próximo conjunto de perguntas e descobrir com mais detalhes quais conteúdos e funcionalidades seriam valiosos para os clientes.

Todos sabiam que poderia levar semanas para descobrir quais funcionalidades deveriam ser construídas, como o sistema deveria funcionar e a sua aparência. Em vez disso, novamente a prioridade foi o aprendizado. Eles decidiram lançar uma versão piloto do serviço. Nesse experimento, deixaram os doze primeiros nomes da lista de espera acessarem o serviço. Os participantes ficaram muito animados, exceto por uma coisa: não havia qualquer serviço, pelo menos não um que rodasse em software. A equipe criou o que chamamos de teste Mágico de Oz, que tem esse nome porque, ainda que pareça ser um sistema operado por tecnologia, na verdade, tudo é acionado por um homem que fica por trás da cortina, como no filme.

A equipe da Cooking Light Diet manteve diálogo por meio de entrevistas via e-mail e telefone com o primeiro grupo de participantes do novo serviço. As informações coletadas durante essas conversas foram usadas na criação de menus para cada usuário, de forma manual. Então, os cardápios foram encaixados em um modelo de e-mail bem projetado e enviados a cada cliente semanalmente. Ao fim de cada semana, os membros da equipe conversavam por telefone com seus novos clientes, na tentativa de entender quais elementos do novo serviço eram valiosos. Eles perguntavam quais receitas os participantes preparavam, qual conteúdo extra era relevante, sobre o processo de compra e o de planejamento. Por meio disso, tentavam entender o que tornaria o serviço mais atraente. Mesmo sem construir páginas da web, escrevendo basicamente sem código algum e nem gastando qualquer centavo em marketing, e ainda assim, seus clientes experimentaram um novo serviço. Por meio dessas interações interpessoais e de baixa tecnologia, os membros da equipe da Cooking Light Diet deram continuidade à conversa que iniciaram com os testes de *landing page*, construindo, assim, um ritmo de ciclos de aprendizagem que sustentaria seu progresso ao longo do projeto.

Os serviços Mágico de Oz por vezes são denominados serviços de concierge, porque dependem de uma grande interação pessoal entre o provedor de serviços e o cliente. Essa visão em primeira mão da interação e do feedback fornecido pelo cliente cria uma valiosa conversa bidirecional entre a organização e os clientes e usuários, e essa conversa facilita que as equipes concentrem seus esforços nas funcionalidades que oferecem o maior valor para o cliente.

A equipe da Cooking Light Diet, em seguida, começou a fazer a transição gradual do serviço — um pouco de cada vez — para a automação. Para isso, os membros continuaram a executar o serviço manualmente até que tivessem evidências claras de que a automação era necessária e, então, criaram a menor quantidade de softwares necessária para atender à demanda. Às vezes, a evidência era qualitativa; eles conversariam com alguns clientes e ouviriam um padrão de feedback. Em outras vezes, especialmente com o crescimento do serviço, as evidências eram quantitativas. As métricas do sistema mostravam que certas funcionalidades não estavam sendo usadas com a frequência esperada, e isso criava uma resposta. Desse modo, uma funcionalidade de cada vez, a equipe implantou o serviço. A cada novo lançamento que agregava um pouco mais de sofisticação ao serviço, os membros da equipe percebiam qual era a necessidade do mercado e respondiam com atualizações contínuas.

A equipe pôde não só testar continuamente suas ideias e refinar seu pensamento, mas também foi possível para a equipe de gestão desempenhar um papel crucial, criando o contexto no qual fosse possível trabalhar dessa forma. Especificamente, a equipe de gestão empregou as seguintes táticas:

- *Permitir que a equipe cometesse erros* — contanto que fossem relativamente pequenos e a equipe aprendesse com eles.

- *Liberdade, dentro de restrições claramente definidas, para tomar suas próprias decisões* — para que não se perdesse tempo esperando o feedback executivo.

- *Valorizar o comportamento do cliente como uma medida de progresso* — e não o número de funcionalidades que a equipe enviasse.

Esse é um bom exemplo da mecânica usada pelas organizações sensíveis. Empresas que valorizam o aprendizado fornecem às equipes problemas de negócios a serem resolvidos, claras restrições dentro das quais podem operar e métricas de sucesso bem definidas. Então as equipes descobrem a melhor maneira de resolver esses problemas, passando de uma pergunta a outra, e os critérios de sucesso atuam como uma bússola do progresso.

Definindo Visão e Sucesso

Uma pergunta comum sobre o trabalho empresarial feito desse modo trata sobre visão e estratégia. É fácil ver uma equipe operando dessa forma e concluir erroneamente que, como os integrantes não têm certeza do que vem a seguir, não têm um plano ou uma visão. Ou pior, que estão simplesmente otimizando seu serviço com base em dados, sem nenhuma tese unificadora que conduza o trabalho.

A abordagem sentir e responder não é sobre isso. Na verdade, sentir e responder é uma forma de *buscar* uma visão, empregando as evidências coletadas por meio de uma conversa contínua e bidirecional com o mercado para se tomar decisões. Essa abordagem coordena as atividades das equipes mediante um alinhamento com as metas (e não com um plano detalhado). Na verdade, quanto mais forte a visão, mais fácil será o uso dos métodos de sentir e responder.

A equipe da Cooking Light Diet é um exemplo em pequena escala de como isso funciona. Partindo de uma ideia simples — "criar um serviço de dieta saudável para pessoas que adoram nossas receitas, gerando lucro para nossa marca" —, a equipe pôde seguir essa visão, criando um serviço de sucesso.

O Valor é Definido pelos Usuários, pelos Clientes e pelo Mercado

Observando a declaração da equipe, tem-se a ideia de o que o serviço mais fará pela empresa. No entanto, qual será o valor criado para os clientes? A equipe da Cooking Light Diet sabia que, para ter sucesso, seria preciso, após entender o que os consumidores valorizavam, orientar seu trabalho para suprir essa demanda. À medida que a equipe avançava e aprendia mais, expressando o problema do ponto de vista do cliente, uma segunda declaração de visão era adotada: "Preciso de refeições fáceis e deliciosas que sei que trarão os resultados que busco para melhorar minha saúde."

A equipe tornou essas duas declarações (receitas fáceis e que atendam aos resultados) suas referências. As funcionalidades em que estavam trabalhando resolveriam os problemas que os clientes enfrentavam na busca por esse resultado? Será que a equipe poderia fazer isso de um modo que agregasse valor ao negócio?

A Nova Definição de "Conceito de Pronto"

Dentro do pensamento da era industrial, o *sucesso* era definido pelo lançamento de um produto — especialmente se fosse dentro do prazo e do orçamento —, porque, na era industrial, a conexão entre um produto e sua utilização geralmente era bem evidente. Uma broca de 1/4" produz um buraco de 1/4". Em categorias de produtos tradicionais e famosos, era possível ter alguma certeza de que, produzindo algo que funcionasse, que atendesse à demanda e tivesse o preço correto, seria uma empreitada bem-sucedida.

Mas à medida que nossos produtos se tornam mais complexos e que as expectativas dos clientes cresce, o nível de incerteza sobre nossos serviços também aumenta. Simplesmente fazer um produto não basta mais, porque a ligação entre o propósito e o uso real é mais nebulosa. Para que "usamos" o Facebook? Como as pessoas usarão os vídeos que gravam em seus smartphones? Se colocarmos um serviço de dieta nos telefones das pessoas, como elas o usarão? Na era da informação, há tantas situações novas, que é difícil confiar em um entendimento tradicional do mercado. Como saber o que produzir? Como podemos saber o que as pessoas farão com o produto? Hoje, a melhor maneira de entender o valor é permitir que nossos clientes nos digam o que valorizam. Em outras palavras, valor não é o que consideramos valioso: é o que nossos clientes consideram.

Portanto, produzir algo, criar um *resultado* de algum tipo, não é nosso objetivo. Na verdade, o sucesso é a medida em que alcançamos um *resultado* e ajudamos nossos clientes a alcançar os resultados que eles buscam. Facilitar o contato com a família e os amigos, facilitar a busca por alimentos saudáveis em um supermercado — esses são os resultados que criam valor para o cliente e, se fornecidos corretamente, retornam para a empresa. Essa é a nova definição de um produto ou serviço que está "pronto". E está em constante evolução. Em um mundo de aprendizado contínuo e resposta em tempo real, há sempre espaço para melhorias. Passamos de uma iniciativa para a outra com base em nossa percepção de quanta mudança positiva será trazida pelo investimento futuro. Ainda que seja muito usada, a palavra *pronto* não faz mais sentido, dada a natureza contínua do software. Em organizações que empregam a abordagem sentir e responder, "pronto" significa simplesmente que maximizamos a experiência, ou que nossa prioridade agora reside em outros resultados.

Aprendendo pelo Exemplo: Construindo sem Sentir

O desastre do Fire Phone da Amazon, lançado em 2014, é um clássico exemplo do que não fazer e, estranhamente, oriundo da mesma empresa que desenvolveu e com frequência emprega muitas das técnicas de sentir e responder que aqui discutimos — inclusive elogiamos a empresa no Capítulo 1 por esse motivo.

Motivada pelo crescente uso de dispositivos móveis entre os consumidores, a Amazon iniciou o projeto do Fire Phone em 2010, exatamente quando o iPhone 4 chegava ao mercado. Os usuários de celulares tornavam-se uma fonte importante de tráfego para a Amazon, e a empresa buscava algum controle da loja móvel que fosse além do que a Apple permitia. As regras da Apple sobre o que as empresas podem ou não fazer em aplicativos iOS contam com definições rígidas sobre comércio, incluindo o fato de a Apple deter 30% de cada venda no aplicativo[2] (o motivo pelo qual não se pode comprar um livro pelo aplicativo iOS do Kindle é porque a Amazon não quer pagar à Apple 30% de cada venda). Então a Amazon criou o Fire Phone para resolver um problema de negócios: ter controle total sobre a loja que seus clientes visitavam em seus dispositivos móveis.

Mas qual seria o valor para os clientes? Era difícil de descobrir, em parte por causa do forte sigilo em torno desse produto. Jeff Bezos, CEO da Amazon na época, tinha muitas ideias interessantes para configurações, mas legal e valioso não são sinônimos. Com o tempo, Bezos exerceu cada vez mais influência no design e desenvolvimento do Fire Phone e, de acordo com relatórios publicados, ignorou o feedback de sua equipe questionando tal abordagem.[3] Não havia uma conversa com o mercado, Bezos estava falando sozinho. Ele insistia em uma série de configurações chamativas como a Perspectiva Dinâmica, uma tela 3D que não exigisse óculos especiais e pudesse ser vista de todos os ângulos, mas que fornecia pouco valor ao consumidor. Bezos presumiu que funcionalidades de hardware chamativas tornariam o telefone mais atraente aos olhos dos clientes do que um iPhone. Sem uma conversa bidirecional contínua com seu público-alvo para guiar o desenvolvimento dessas funcionalidades, tudo o que Bezos fazia era adivinhação.

E adivinhou errado. Quatro anos depois, em julho de 2014, o Fire Phone começou a ser vendido nos Estados Unidos. Em poucos dias, ficou claro que os consumidores não estavam impressionados — com o design, o ecossistema e as funcionalidades engenhosos que Bezos tanto almejou. Custando US$199, o Fire Phone foi projetado para competir diretamente com o iPhone da Apple, mas seu valor não ficou claro para o mercado. Na verdade, os clientes enxergaram a realidade — uma forma de se acessar facilmente a loja da Amazon, o que era diretamente benéfico para a empresa, mas não significativo para os clientes.

Depois de um prejuízo de US$170 milhões em estoque não vendido, o Fire Phone foi oferecido por US$0,99 antes de finalmente ser removido do mercado, no final de 2015. As histórias dos bastidores revelam a arrogância que permeou todo o processo de tomada de decisão conduzido por Bezos.[4] Ainda que os integrantes da equipe resistissem, acabaram cedendo aos desmandos do chefe. Afinal, muitas vezes antes ele havia provado que estava certo. Por que não seria novamente o caso?

A situação poderia ter melhorado se Bezos tivesse ouvido o mercado. Se ele tivesse considerado algumas dessas decisões como suposições a serem testadas e perguntas a serem respondidas, em vez de palpites a serem seguidos cegamente, tudo poderia ter sido diferente.

Planos Perfeitos *Versus* **Fazer Planos para Gerar Aprendizado**

O planejamento analítico e resistente a mudanças que o exemplo do Fire Phone mostra é muito comum, e pode-se dizer que é a regra em grandes empresas. Geralmente, ele é expresso em um documento denominado *feature road map*. É um documento atraente que dá uma ideia clara de nossa posição, para onde nos direcionamos e quais funcionalidades construiremos para esse trajeto. Por meio dele, temos uma sensação de progresso, além de servir como uma ferramenta motivacional para equipes, gerentes, executivos e, muitas vezes, parceiros externos e colaboradores. O *road map* ajuda, ainda, a definir expectativas sobre prazos para a conclusão das funcionalidades.

E também é uma completa invenção.

Imagine, por um segundo, que a gerente de produto da equipe da Cooking Light Diet tenha se comprometido com um *road map* de funcionalidades no início da iniciativa. Ela se comprometeria com um conjunto específico de funcionalidades, estratégia de preços e datas de entrega, então, depois de cada experimento e conjunto de conversas com o cliente, seria preciso revisar o *road map* e retornar para aprovação dos colaboradores, observando que sua credibilidade diminui a cada vez. Enquanto isso, a equipe esperaria pela aprovação, sua produtividade desacelerando drasticamente. Ou seja, seu aprendizado estaria causando problemas.

A alternativa aos *feature road map*s é fazer planos mais flexíveis e, então, ajustá-los conforme o aprendizado for acontecendo (falaremos mais sobre isso no Capítulo 5.) A equipe da Cooking Light Diet manteve algumas listas que usou na condução do projeto. A primeira era uma lista de perguntas, suposições e riscos. Conforme os membros da equipe faziam novas descobertas, percorriam essa lista, respondendo às perguntas, reduzindo o risco e adicionando novas questões. A segunda era uma lista de funcionalidades *possíveis*. Tais funcionalidades eram aquelas que a equipe e os colaboradores consideravam vir a ser necessárias, mas para as quais não havia evidências de necessidade real. A cada semana, a equipe revisava o *feedback* retirado das conversas com os usuários e as métricas do sistema. Eles faziam um cruzamento desse feedback com a lista de funcionalidades possíveis e, então, selecionavam as prioridades para a semana seguinte.

Testando Suposições

Graduados em administração, gerentes de projeto certificados e *product owners* aprendem que suas equipes precisam de requisitos para uma execução eficaz. Assim, as equipes fazem planos detalhados — *elaboram os requisitos*, como diz o jargão de negócios — e estimam o trabalho necessário para concluir o plano. Isso é, então, relatado aos gestores, que transformam tudo em modelos financeiros, alocação de recursos e planos de financiamento. E isso tudo, por sua vez, é compartilhado com a liderança executiva e, se for uma empresa de capital aberto, com a Bolsa de Valores. Depois de todo esse comprometimento público e detalhado, todos estão prontos para seguir em frente com *o plano*.

Soa familiar? É porque é mesmo. Esse é o modo pelo qual a maioria das empresas planeja seus anos fiscais, suas decisões de financiamento em termos de programas e prazos de projeto. Porém, é surpreendente que ainda façamos isso, porque esse tipo de plano *sempre dá errado*.

Por quê? Porque esses planos são baseados em suposições. Adivinhações.

Com sorte, trabalharemos com suposições baseadas em experiência de domínio, anos de dados de desempenho corporativo e da indústria, um profundo conhecimento do cliente e um controle de empresas competitivas. Na pior das hipóteses, como no caso do Amazon Fire Phone, as suposições são apenas as opiniões de uma pessoa (geralmente com o maior salário). Ainda que essa abordagem possa funcionar em indústrias tradicionais e com níveis muito baixos de incerteza, o uso onipresente de software aumentou o ritmo da mudança para as expectativas dos clientes, reduziu as barreiras à entrada de novos concorrentes e fez com que a mudança nos domínios fosse uma realidade para todos os setores. O trabalho dentro dessa nova realidade, com esses novos níveis de incerteza, torna o planejamento baseado em suposições incrivelmente arriscado.

Formando Hipóteses

Todo projeto começa por suposições, não há como fugir disso. Supomos que conhecemos nossos clientes (e nossos futuros clientes). Supomos que sabemos o que a concorrência está fazendo e a direção de nossa indústria. Supomos poder prever a estabilidade de nossos mercados. Todas essas suposições são baseadas em nossa capacidade de prever o futuro. Mas, até onde se sabe, essa ainda não é uma habilidade que os seres humanos têm.

Portanto, se aceitarmos que sempre partimos de suposições, a verdadeira questão se torna: o que fazemos sobre o risco de estarmos errados? O primeiro passo é identificar nossas suposições. Quanto do que pensamos que sabemos é um fato e quanto é apenas uma suposição da verdade?

Portanto, declarar suposições é o primeiro passo para descobrir o que sabemos com certeza e o que precisamos sentir. A próxima pergunta é: como podemos aprender o que é preciso? Os defensores da startup enxuta recomendam o uso do método científico para testar nossas suposições. Ou seja, expressar nossas suposições como hipóteses que podem ser testadas e, em seguida, executar uma série de experimentos para descobrir a verdade.

Vejamos o exemplo do Fire Phone. Se fôssemos declarar uma série de suposições sobre o projeto e expressá-las como uma hipótese, seria mais ou menos assim:

> Parece-nos ser possível alcançar um aumento na aquisição e nas vendas por clientes novos, caso esses clientes escolham acessar nossos produtos e serviços com um celular da Amazon, em vez de usar seu iPhone e outros dispositivos iOS.

Observando tal proposta, podemos começar a identificar riscos em nosso pensamento. Presumimos que ganharemos mais dinheiro se os clientes tiverem um celular da Amazon, em vez de um iPhone. Essa parece ser uma suposição bastante garantida, talvez até mesmo uma declaração de fato: não será mais preciso pagar à Apple uma porcentagem de qualquer compra feita em um Fire Phone. Mas a próxima parte é a mais preocupante, pois pressupõe que os clientes mudariam para o Amazon Fire Phone sem explicar o motivo. Portanto, precisamos de outra hipótese.

> Acreditamos que os clientes trocariam seus iPhones por Fire Phones por valorizarem nossa tela 3D de Perspectiva Dinâmica.

Explicado assim, o risco parece óbvio.

As hipóteses servem como um espelho de nosso pensamento. Elas posicionam nossas suposições de uma forma que faz com que questionemos nossos pensamentos originais. Normalmente, deve-se começar pelas maiores questões e depois cuidar dos detalhes. No geral, começaríamos por perguntas como:

- O problema de negócios existe?
- A necessidade do cliente existe?

- Como sabemos se essa funcionalidade ou esse serviço cuidará dessa necessidade?

Durante o planejamento de suas próximas iniciativas com a equipe, faça estas perguntas:

- Qual é a coisa, ou coisas, mais importante que deve ser resolvida primeiro?
- Qual é o modo mais rápido e eficaz de aprender isso?

Depois de responder a essas perguntas, passe para o próximo conjunto de perguntas e invista adequadamente.

Entendendo, Usando *Big Data* e Reduzindo Riscos

A história da *Cooking Light* mostra como uma pequena equipe pode criar algo novo usando a abordagem de sentir e responder. Mas e quanto a uma grande empresa trabalhando seus negócios já existentes?

A Canadian Tire, considerada um ícone canadense, é um conglomerado centenário — avaliado em C$13 bilhões — de lojas de ferragens, artigos esportivos e produtos automotivos. A empresa também é pioneira em big data: usa os dados que coleta sobre o comportamento e as compras de seus clientes para melhorar seus negócios continuamente.

Durante anos, a Canadian Tire geriu um programa de fidelidade chamado Canadian Tire "Money". A "moeda" em papel era utilizada desde 1961 e tida como um item adorado da cultura canadense, sendo até mesmo usada como moeda de troca no passado. Com mais de 50 anos de inércia histórica e cultural pairando sobre qualquer mudança nesse sistema, a Canadian Tire reconheceu que digitalizar o "Money" traria o risco de perder clientes fiéis e danificar a marca, mas também sabia que, ao transformar o programa em formato digital, teria a oportunidade de aprender mais sobre o comportamento de seu público. Portanto, nos últimos anos, uma transição começou a ser planejada.[5] Para a empresa, havia um benefício claro na digitalização. Para seus clientes, porém, o benefício era menos óbvio.

A hipótese da empresa era a de que, por meio de uma transição suave para seu app e cartões de débito, o público se afastaria da versão em papel, e a empresa encontraria maneiras de criar valor para os clientes. Para limitar o risco de um lançamento problemático, a Canadian Tire lançou a versão baseada em app do "Money" apenas em sua loja na Nova Escócia. Conforme os clientes mudavam lentamente para a versão digital, a empresa monitorava a transição, de olho nos números e mantendo o diálogo com seus clientes. E, no final, as pessoas começaram a facilmente fazer a mudança para o novo formato. Muitas já tinham o app da empresa em seus celulares (do qual a moeda "Money" agora fazia parte) e estavam acostumadas a pagamentos digitais.

Às vezes, as coisas que supomos que criarão grandes problemas acabam se tornando situações triviais. O que valorizamos dentro de uma empresa — neste caso, a versão tradicional em papel do Canadian Tire "Money" — pode ser entendido de forma diferente pelo público. Ainda assim, ao limitar o lançamento a um único local, a empresa conseguiu assumir um nível confortável de risco em comparação com um lançamento em nível nacional.

A mudança para o digital valeu a pena, porque ajudou a criar uma nova conversa com os clientes sobre o que estavam comprando e o que a Canadian Tire poderia fazer para melhorar essa relação.

Conforme os clientes começaram a usar a versão digital, novos dados fluíram em grande escala. Ao monitorá-los, a empresa começou a perceber o surgimento de padrões de consumo. Por exemplo, apareceram oportunidades distintas de melhorar o modo como os produtos sazonais eram organizados na loja da Nova Escócia. A nova capacidade de detecção do comportamento da clientela revelou que os clientes tinham dificuldade para encontrar todos os produtos necessários para concluir o trabalho de cuidado com o gramado, que era sazonal. Os produtos eram organizados na loja por tipo (cortadores de grama com ferramentas elétricas, por exemplo), e não por função relacionada ("cuidados com o gramado", por exemplo), e isso forçava os clientes a percorrer vários corredores para encontrar tudo de que precisavam, o que muitas vezes não acontecia.

Em resposta, a Canadian Tire reorganizou as lojas em torno de tarefas específicas, assim os clientes encontrariam tudo de que precisavam em um corredor de forma mais fácil. Então, novamente, a empresa observou os dados e, por meio deles, viu que o novo plano funcionou. Isso melhorou a experiência do cliente nas lojas e resultou em um aumento de vendas na loja da Nova Escócia.

Após o teste bem-sucedido na Nova Escócia, a Canadian Tire continuou a lançar a moeda digital de modo mais amplo. É importante observar que, nesse caso, a capacidade de detecção é digital, mas as respostas são extraídas com táticas tradicionais de varejo na loja. Sentir e responder não se limita ao domínio digital, que apenas habilita a abordagem.

Compreendendo que Sentir e Responder É Parte da Cultura Corporativa

Até então, sentir e responder foi discutido em termos de processo. Porém, há uma dimensão cultural.

Lembre-se de nossa discussão sobre incerteza. A eficácia da abordagem sentir e responder em face da incerteza se dá porque ela abraça ativamente a ideia, partindo da noção de que não temos todas as informações que gostaríamos de ter e nem certeza da eficácia de nossos planos. Em outras palavras, começa com uma certa humildade, uma qualidade que muitas vezes é escassa nos negócios.

Vale considerar a estrutura da equipe no projeto da Cooking Light Diet, uma equipe pequena, composta por alguns designers, desenvolvedores de software, um gerente de produto, um editor, um nutricionista e alguns outros especialistas que intervinham de tempos em tempos. Essas pessoas trabalharam juntas diariamente, fazendo e ajustando planos, interpretando dados, trabalhando com clientes e tomando decisões sobre a direção do serviço. O fluxo de trabalho era profundamente colaborativo, e as conversas eram estruturadas de modo que os diferentes pontos de vista da equipe fossem entendidos como uma vantagem. A configuração de uma equipe de tal maneira permite que se aja rapidamente e traga diversos conhecimentos para a resolução dos problemas.

Em uma equipe assim, não há lugar para lobos solitários, ninjas, celebridades ou gurus (o "Cavaleiro Solitário" não colaborava com ninguém). Pessoas que investem em suas próprias ideias terão dificuldade em trabalhar com uma equipe que deseja ouvir o mercado, reunir evidências e encontrar a melhor ideia, independentemente de sua fonte. Essas personalidades não podem ser combinadas em uma equipe sensível.

Incluindo o Nível Executivo

A mentalidade de equipe deve começar pelo nível executivo. Os líderes devem definir e comunicar a direção e, então, permitir que a equipe reúna informações, aprenda e reaja. Testemunhamos os benefícios desse tipo de liderança com os executivos que patrocinavam o projeto da Cooking Light Diet. Eles reconheceram o problema do negócio, designaram uma equipe para resolvê-lo, definiram metas de sucesso mensuráveis em termos de receita e ajuste estratégico, configuraram as restrições de sua autonomia e, em seguida, saíram do caminho. Em contrapartida, a equipe trabalhou continuamente para manter os líderes atualizados sobre o que estavam aprendendo. Os funcionários apresentaram evidências sobre quais ideias funcionavam, quais investimentos eram (ou não) mais adequados, em quais pontos seus planos estavam progredindo e em quais as expectativas precisavam ser ajustadas. E a liderança respondeu. Tal ciclo contínuo de comunicação deu à equipe da Cooking Light Diet a liberdade de explorar seu caminho até a melhor solução possível.

Ao longo de dezoito meses, o serviço de dieta evoluiu de um serviço manual que atendia doze clientes para um serviço de alimentação saudável totalmente automatizado com uma receita anualizada de US$1 milhão e crescendo a cada dia. As funcionalidades que a equipe incorporou a esse serviço nunca foram predeterminadas em um documento de requisitos, e nem prescritas pelos executivos. Pelo contrário, o serviço começou com uma visão e foi construído por uma equipe que continuamente sentia o que o mercado demandava e respondia entregando apenas funcionalidades que criassem valor.

O CEO da Pixar, Ed Catmull, resume essa abordagem lindamente em seu livro *Criatividade, S. A.*:

> Acredito que os melhores líderes reconhecem e abrem espaço para aquilo que não conhecem — não apenas porque a humildade é uma virtude, mas porque, até que a pessoa adote essa atitude mental, os grandes avanços mais importantes não podem acontecer. Acredito que os gerentes devam afrouxar os controles, e não apertá-los. Eles devem aceitar riscos; devem confiar nas pessoas com quem trabalham e lutar para abrir o caminho para elas; e devem sempre prestar atenção e enfrentar qualquer coisa que gere medo.

Além disso, os líderes bem-sucedidos aceitam a realidade de que seus modelos podem estar errados ou incompletos. Só quando admitimos não saber algo é que podemos aprender.[6]

Falaremos mais sobre cultura e estrutura de equipe na Parte II, mas é importante reconhecer aqui que trabalhar dessa maneira é uma mudança — em alguns casos, enorme — da forma como as coisas são feitas na maioria das grandes empresas hoje em dia.

Juntando Tudo

E quando juntamos tudo? A empresa Forward 3D é um exemplo do ciclo da abordagem sentir e responder em que a abordagem foi usada para criar um novo negócio.[7]

A Forward 3D é uma empresa de marketing de busca que executa campanhas publicitárias em mecanismos de pesquisa com base em palavras-chave específicas digitadas pelos usuários. Isso significa que eles precisam coletar e analisar dados sobre aquilo que as pessoas procuram na internet. Os executivos achavam que tais dados poderiam ser usados para ajudar os clientes a fazer mais do que executar campanhas de marketing. A ideia dos executivos era ajudar os clientes a encontrar novas oportunidades de negócios.

A equipe decidiu fazer um experimento primeiro. Nos dados de pesquisa coletados, ficou claro que muitas pessoas pesquisavam artigos para animais de estimação, mas não havia muitas empresas anunciando em tais pesquisas. Quando foram um pouco mais fundo, descobriram que as buscas por gaiolas de papagaios eram particularmente altas, e havia poucos negócios atendendo a essa demanda.

Eles decidiram investigar esse *insight* ainda mais. Por meio de serviços básicos disponíveis para qualquer empresário na web, eles criaram uma página de teste para vender gaiolas de papagaio online. Era uma *landing page*, muito semelhante à tática da equipe da Cooking Light Diet. A página da Forward 3D não permitia que se comprasse gaiolas, ela apenas permitia que os clientes demonstrassem o interesse, uma conversa bidirecional. E o interesse era claro. Com base nesses resultados, a equipe começou a vender gaiolas de papagaio por meio do endereço JustCages.com, criado para esse fim.

A equipe montou a mais básica das operações. Por meio de serviços de entrega, atendiam aos pedidos, assim nunca correram o risco financeiro de manter qualquer estoque. Isso se mostrou lucrativo muito rapidamente, e eles responderam novamente, melhorando a sofisticação do site. Por fim, à medida que ganhavam confiança no negócio, assumiam mais operações (e riscos) internamente, incluindo acumular estoque em um depósito.

Como dito pelo gerente-geral Martin McNulty: "Não construímos um site bonitinho no primeiro dia. Na verdade, nossa missão era entender primeiro o lado da demanda."[8] Em outras palavras, a equipe elaborou primeiro a suposição mais arriscada — de que realmente havia demanda para o serviço — antes de prosseguir para aprender o que seria necessário para operar o negócio. Os membros da equipe testaram cada etapa ao longo do caminho com as soluções de menor investimento disponíveis. Em outras palavras, criaram um sentido contínuo e um ciclo de resposta com o público-alvo. E cada vez que aprendiam algo, a Forward 3D respondia rapidamente para desenvolver sobre a possível oportunidade. Hoje, são uma das maiores vendedoras online de gaiolas para animais de estimação.

Conclusões de Sentir e Responder para Gestores

- ✓ Na prática, sentir e responder é sobre equipes pequenas e autônomas experimentando e aprendendo na busca por uma visão ou uma estratégia.

- ✓ As equipes aprendem o caminho a seguir fazendo planos imprecisos, executando pequenos experimentos e testando suas suposições à medida que avançam.

- ✓ As equipes se concentram em descobrir valor continuamente por meio de uma conversa bidirecional entre a empresa e o mercado.

- ✓ O valor é definido em termos centrados no cliente.

- ✓ Essa abordagem pode funcionar tanto para equipes de startups quanto dentro de grandes empresas.

- ✓ As equipes usam todos os dados disponíveis, sejam qualitativos ou quantitativos.

- ✓ A abordagem funciona melhor com equipes pequenas e multifuncionais.

- ✓ Sentir e responder é mais do que um processo, é uma cultura, que requer humildade por parte dos membros da equipe e da liderança.

3

Por que as Empresas Resistem à Mudança

Superando obstáculos e objeções

Quando escrevemos nosso primeiro livro, *Lean UX*, tínhamos como objetivo mostrar aos profissionais modernos — designers, desenvolvedores, gerentes de produto e outros funcionários que formam equipes digitais — uma forma eficaz de trabalhar com tecnologia digital. A abordagem apresentada naquele livro se provou popular entre profissionais desse ramo. Mas o método não deixa de ter seus críticos e, claro, obstáculos.

O feedback mais significativo que ouvimos sobre o *Lean UX* se resume a: "Adoramos a abordagem, mas não podemos fazê-la aqui." À medida que nos aprofundamos nos motivos, ficou claro por que esse desafio era mais importante: a maioria das empresas não está preparada para tirar proveito do aprendizado contínuo impulsionado pela tecnologia. Em 2015, um estudo da *Harvard Business Review* sobre liderança digital revelou que muitos gestores sabem dos desafios impostos pela tecnologia digital: o risco de interromper seus negócios e a necessidade de criar uma resposta eficaz.[1] Muitos desses líderes têm uma imagem clara de como devem agir, no entanto, a esmagadora maioria tem dificuldades para transformar suas organizações. O "sempre foi assim" — orçamentos anuais, planejamento estratégico de longo prazo, silos baseados em disciplinas, estruturas de incentivos baseadas em cotas de produção — mostra-se muito difícil de superar.

Mas não é impossível. As organizações estão resolvendo tais problemas e fazendo essas mudanças. Aqui mostramos, então, alguns dos principais obstáculos para se trabalhar de forma eficaz na construção de organizações que aprendem continuamente, junto com exemplos de empresas que estão superando esses obstáculos.

Superando o Mito de Steve Jobs

Discutindo incerteza, humildade e feedback do mercado, com certeza chegamos à lenda de Steve Jobs. As pessoas consideram a Apple, em geral, e Steve, em particular, como modelo de um certo tipo de processo deliberado em que a combinação de liderança visionária e força de vontade, junto com planejamento orientado a detalhes e uma busca obsessiva pela perfeição, pode ditar o gosto no mercado. "Onde fica a experimentação?", as pessoas perguntam. "E a humildade?"

Até certo ponto, é preciso reconhecer um certo nível de genialidade em Steve Jobs. Também deve-se citar que pouquíssimos líderes têm as mesmas qualidades — apesar de dizerem o contrário. E, no entanto, para quem acredita ter uma percepção semelhante à de Steve Jobs, pouca coisa poderá mudar sua posição.

Uma análise mais aprofundada revela uma história mais complexa por trás do mito da genialidade de Jobs. É verdade que a Apple criou alguns dos produtos de consumo de maior sucesso de todos os tempos. Porém, seus sucessos, na maior parte, exigem interação com uma máquina para sua operação. As falhas da Apple em software (quem se lembra do MobileMe?) e redes sociais (Ping) demonstram que os processos de desenvolvimento que atendem bem a empresa em algumas esferas não bastam para lidar com a maioria dos serviços complexos baseados em software. O iTunes, antes tido como um modelo de simplicidade e poder, agora é rotineiramente apresentado como um exemplo de *bloatware** corporativo.

O processo tradicional da Apple, entretanto, é tomado por experimentação, mas isso ocorre de forma secreta. Por anos circularam rumores de que a Apple estava trabalhando em um telefone antes de o primeiro iPhone ser lançado. A imprensa de design estava tomada por fotos dos primeiros protótipos da Apple. Os protótipos, no entanto, por mais poderosos que sejam, não ensinam muito. Além de não revelarem o que acontece quando milhares de pessoas fazem uso de seu software ao mesmo tempo, também não podem ajudá-lo a descobrir e capturar o valor apresentado pelo comportamento emergente. Tal como aconteceu com o Amazon Fire Phone, esforços secretos também não revelam muito. Em algum ponto, as ideias precisam ser testadas, colocadas em ação.

Porém, pela história da Apple podemos aprender sobre o poder da visão e a capacidade de a visão e a cultura criarem alinhamento. Um gerente que trabalhou em uma empresa parceira da Apple

---

* Bloatware é todo software utilitário pré-instalado em dispositivos (como computadores, notebooks, tablets e smartphones), geralmente não facilmente removível e indesejado. (N. da R.)

na década de 1990 nos contou sobre sua experiência trabalhando com uma equipe da Apple na criação de um pacote de produtos. A Apple procurou esse parceiro porque queria incluir um dos produtos da empresa em seu pacote. Mas, primeiro, os gerentes da Apple demandavam mudanças no produto do parceiro. Especificamente, eram contrários ao processo de configuração que o produto exigia. "Tem que funcionar assim que tirarmos da caixa", disse um gerente da Apple, expressando o valor cultural que a empresa agrega à experiência do cliente. "Se não funcionar assim que tirar da caixa", ele disse, "não será comercializado". Esse é o poder do alinhamento. É um valor cultural conhecido por todos na empresa e que coordena a tomada de decisões. Essa obsessão — com qualidade, design, experiência de uso do produto assim que se retira da caixa — não era algo exclusivo de Steve Jobs, era algo que ele conseguiu fazer com que toda a empresa proporcionasse.

Recebendo para Entregar um Produto, e Não para Aprender a Entregar "O Produto" que Precisava Ser Feito

Talvez a objeção mais desafiadora e difícil de superar seja a estrutura de recompensas e compensação de sua empresa. No fim das contas, sua equipe e, principalmente, seus gerentes de nível médio farão aquilo que foram contratados para fazer. Se a estrutura de bônus e promoção de sua empresa recompensa a entrega dentro do prazo e do orçamento, eles otimizarão a entrega. Se seus vendedores prometem funcionalidades e transformam essas promessas em contratos, suas equipes não terão muita chance de mudar o curso em face do aprendizado.

Esse é o modelo de fábrica da era industrial aplicado a produtos modernos movidos pela tecnologia: recompensar as pessoas por fazerem algo, em vez de recompensá-las por fazerem as coisas certas. Sua base reside na crença contínua de que produtos e serviços movidos a energia digital podem e devem ser definidos como peças em uma linha de montagem. Quanto mais rápido e barato pudermos realizar isso, mais chances de sucesso. Essa crença se manifesta quando os gestores dizem explicitamente aos funcionários o que fazer. E esse ainda é o modelo dominante na maioria das empresas.

Porém, se as metas das equipes forem definidas em termos de mudança a partir do comportamento do cliente, em vez de apenas fornecer um conjunto de funcionalidades, os resultados acabam se mostrando superiores. A adoção desse modelo exige que os gerentes de nível médio tenham mais confiança de que tal método os ajudará a atingir seus objetivos mais rapidamente do que por meio dos métodos tradicionais que eram usados até então.

Vale notar que os incentivos não são algo que as próprias equipes podem mudar, essa é uma responsabilidade direta da administração superior. Ao considerar como planejar seu próximo conjunto de iniciativas, pense no seguinte:

- Se enviarmos um novo conjunto de funcionalidades dentro do prazo e do orçamento, como saberemos se essas eram as funcionalidades certas?
- Podemos medir o sucesso dessas novas iniciativas em termos de negócios e resultados para o cliente?
- Como capacitar minhas equipes para utilizar o fluxo contínuo de informações que recebem do mercado todos os dias de melhor modo a construir conversas bidirecionais?
- Como recompensá-las por usar tais informações para escolher qual trabalho deve ser feito e qual não deve?

Falaremos mais sobre isso no Capítulo 5, quando explorarmos o planejamento baseado em resultados.

Cumprindo os Regulamentos e os Requisitos Legais

A ideia de feedback do mercado e mudança contínua pode parecer ilusória quando se trabalha em um setor com rígida supervisão regulatória. Frequentemente, tais organizações são limitadas pela necessidade de seguir procedimentos bem definidos que garantam o cumprimento da lei, incluindo revisão e aprovação regulatória, antes de lançar produtos e serviços ao público. A tecnologia pode acelerar nossa coleta e síntese de dados, mas não faz o mesmo pela burocracia.

Porém, nossas atitudes podem ser mudadas no que diz respeito à conformidade. Um diretor de risco com quem trabalhamos no setor de serviços financeiros reconheceu que sua equipe funcionava como uma série de "sinais vermelhos" que impediam o progresso das equipes de produtos. Seu objetivo, em face de conversas bidirecionais contínuas e ameaças competitivas cada vez maiores, era descobrir como redistribuir seu pessoal entre as equipes de produto para que operassem como uma série de "sinais verdes" à medida que avançassem para a produção — trocando para o sinal vermelho apenas quando surgisse uma questão importante.

As empresas do setor privado podem lidar com esse obstáculo de várias maneiras. Muitas delas criam pequenas equipes de inovação e descoberta para explorar novas ideias de modo seguro. As ideias são testadas em pequena escala e dentro de limites seguros usando o que chamamos de *sandbox*, uma tática que discutiremos mais profundamente no Capítulo 7. Além disso, as grandes empresas frequentemente trabalham com reguladores e legisladores para explicar suas intenções e abrir caminho para o trabalho desejado. Em 2015, por exemplo, a Comissão de Táxis e Limusines de Nova York propôs regras que exigiriam que Uber, Lyft e outros serviços de transporte enviassem seus aplicativos para aprovação em caso de quaisquer alterações na interface do usuário. Os líderes dessas empresas, e da indústria de tecnologia em geral, se reuniram com os reguladores para explicar como operam as equipes de software modernas e por que tais regulamentações seriam onerosas. A proposta foi removida.[2]

Tais desafios também são frequentes para as organizações do setor público. Vale reiterar, porém, que o trabalho com os reguladores na interpretação das regras e no esclarecimento dos limites pode se mostrar útil. Um gerente de uma agência governamental dos EUA compartilhou sobre os esforços que visam esclarecer as regras sobre as chamadas *Avaliações de Impacto de Privacidade*, um processo de avaliação de risco que muitas vezes pode atrapalhar a interação rápida. À medida que as equipes cada vez mais adotam métodos que giram em torno do modelo sentir e responder, a expectativa é a de que seu trabalho impulsione mudanças na forma como a supervisão regulatória também funciona.

Adotando a Mudança Rápida em Projetos de Missão Crítica

Em certos contextos, as preocupações com a segurança nos impediriam de aprender com o mercado por meio de frequentes experiências ativas. Por exemplo, não é desejável fazer um teste A/B dos controles de software de um jato jumbo. E isso leva à observação um tanto surpreendente de que esses métodos nem sempre se aplicam a todos os contextos. Em várias indústrias sólidas, sistemas críticos para a segurança são desenvolvidos e práticas maduras permitem testes controlados em condições seguras. Normalmente, tais indústrias têm uma forte cultura e tradição de engenharia, e seus sistemas são construídos mantendo altos níveis de previsibilidade.

Dito isso, seria um erro pensar que o sentido e a resposta não podem ser usados nesses setores no contexto certo. Prevemos um aumento no uso de técnicas de detecção e resposta usadas em conjunto com as técnicas tradicionais até mesmo nas indústrias mais tradicionais e preocupadas com a segurança.

O Airbus Group, por exemplo, começou a fazer experiências com laboratórios de inovação que podem desenvolver e testar ideias de forma rápida.[3] Por exemplo, um dos projetos lançados pelo laboratório inaugural da empresa em Toulouse, França, é uma forma inovadora de garantir a segurança de um avião parado. Atualmente, isso demanda um esforço intensivo de mão de obra que deve ser realizado sem falhas cada vez que um avião é retirado de serviço para manutenção ou permanece em solo por um período prolongado. As equipes que trabalham no laboratório estão descobrindo formas de automatizar esse processo por meio de uma série de sensores localizados em áreas sensíveis dos aviões, e esses sensores são monitorados em tempo real pela equipe do aeroporto. Na compartimentalização do esforço de aprendizagem, a Airbus está minimizando o risco operacional. Esses laboratórios reduzem o investimento em cada ideia, permitindo uma operação paralela com o negócio de forma mais ampla, sem interrupções ou riscos à segurança. Após a comprovação de tal ideia, a Airbus pode dar os próximos passos em direção à sua produção ou até mesmo integração ao processo de manufatura mais amplo.

A General Electric (GE) colocou em desenvolvimento um programa chamado Digital Twins, que envolve a criação de simulações digitais de produtos de hardware. Um motor a jato pode ter um "gêmeo virtual" específico operando inteiramente em software. Isso permite que a GE monitore o desempenho em tempo real desse motor específico e também experimente novas funcionalidades e configurações do motor no mundo digital sem precisar correr riscos de segurança no mundo real.

Aplicando o Método em Grandes Empresas

Pode ser difícil conseguir permissão para trabalhar assim em grandes empresas. Muitas vezes, isso ocorre simplesmente porque é difícil operar qualquer mudança em grandes empresas.

Normalmente, algumas dessas práticas podem ser adotadas por uma única equipe com poucas dependências e um gestor esclarecido, e com o tempo, seu sucesso validará seus métodos. Mas à medida que essas práticas são ampliadas para programas com múltiplas equipes, as dependências, a comunicação e os desafios de coordenação podem ser assustadores.

O coach e consultor de empreendedores David J. Bland enfrentou tais desafios em pequena escala junto com uma equipe da Toyota em 2014. Bland trabalhou com a lendária montadora para ajudar no teste de novas funcionalidades automotivas que ainda não estavam prontas para produção. Em um projeto, a Toyota queria ver se o novo design de seus veículos, que melhoraria a integração com as bombas de gasolina, tornaria o abastecimento mais conveniente para os clientes.

No geral, a Toyota formaria uma equipe para tal iniciativa, planejando seu orçamento para os próximos doze meses. O financiamento para o empreendimento viria de planos de negócios que preveriam não apenas o nível de financiamento necessário, mas também o ROI* decorrente desse investimento em vários prazos futuros.

---

* ROI — sigla em inglês para Return on Investment, que em português significa "Retorno sobre Investimento". (N. da R.)

Bland e sua equipe desafiaram esse modelo tradicional tendo como ponto de partida um orçamento limitado e concentrando-se na construção de protótipos básicos do serviço proposto que foram aliados a um software básico baseado na web e alguns componentes do painel de automóveis disponibilizados pela Toyota. A equipe então recrutou usuários por meio dos classificados do Craigslist e do Facebook. Os membros da equipe mostraram suas ideias, incentivaram seu uso e aprenderam rapidamente quais peças tinham valor para o consumidor e, igualmente importante, quais não. Com base nos insights extraídos dessas conversas bidirecionais (neste caso, cara a cara, e não de forma digital), a Toyota pôde tomar uma decisão sobre mais investimentos nesse projeto baseada em evidências.

Essa pequena equipe foi autorizada a operar de forma independente, o que conferiu a ela a liberdade de desenvolver o modelo de sentir e responder aos ciclos necessários antes de decidir as próximas etapas. Os membros da equipe estavam livres para agir no seu próprio ritmo, aprender sobre suas ideias e ajustar o curso à medida que aprendiam, isolados da burocracia do dia a dia como um todo.

De forma mais frequente, porém, em grandes empresas, as equipes *têm* sim dependências. No geral, há equipes que dependem de outras equipes, na espera de que um determinado trabalho seja concluído. Nesses casos, qualquer mudança no plano de trabalho deve ser coordenada. A abordagem do lobo solitário não funcionará aqui.

É possível coordenar o trabalho de várias equipes por meio de métodos de sentir e responder. Por exemplo, no Westpac, o maior banco da Austrália, as equipes instituem um estatuto simples com base em resultados para alinhar as atividades de várias equipes no desenvolvimento de grandes programas. Elas usam declarações de visão cuidadosamente elaboradas para orientar a execução nas mais variadas equipes, mas ainda permitem a cada uma a liberdade de experimentar e aprender. No Capítulo 5, entraremos em mais detalhes sobre como o Westpac e outras grandes empresas fazem isso.

Superando Obstáculos de Regulações Governamentais

Nossa teoria é a de que trabalhar dessa forma demanda equipes com direção própria livres para agir e falhar. Em nenhum lugar essas qualidades são mais difíceis de encontrar do que no Governo. Há inúmeras camadas de obstáculos: leis, regulamentos e procedimentos; política, eleições e orçamentos; ciclos de notícias de 24h e responsabilidade pública. É incrível que algo seja feito. E, no entanto, a missão é servir às pessoas — talvez seja a missão mais centrada no cliente que existe. Assim, seria possível liberar o potencial da abordagem de sentir e responder para construir uma conversa bidirecional com o cidadão em tempo real no Governo?

Começamos a ver o surgimento de novos escritórios governamentais projetados especificamente para enfrentar esse desafio, e, de modo significativo, são organizações totalmente comprometidas com o uso de abordagens que envolvem sentir e responder. No Reino Unido, o recentemente licenciado Government Digital Service (GDS) descreve sua abordagem assim: "Sempre partimos das necessidades do usuário, somos ágeis e trabalhamos com um conjunto de Princípios de Design que nos orientam em tudo o que fazemos. Acreditamos no trabalho de forma aberta, porque tudo que é aberto, é melhor."[4] O GDS é líder nesse movimento e tem servido como modelo para organizações semelhantes nos EUA (18F e US Digital Service), na Austrália (The Digital Transformation Office) e em outros locais.

Lidando com as Regras das Áreas de Compras

Um dos principais desafios enfrentados pelo Governo são as aquisições. As regras tradicionais exigem contratos com fornecedores que especifiquem de forma muito precisa as funcionalidades e as funções dos sistemas a serem desenvolvidos. Mas fica claro, porém, que essa abordagem — projetada para criar responsabilidade e garantir um gasto inteligente do dinheiro do contribuinte — frequentemente falha, e o faz de modo bastante espetacular. Mas as autoridades que trabalham no Governo muitas vezes se veem sem escolha: Noah Kunin, diretor de infraestrutura da 18F, a agência interna de serviços digitais do governo dos EUA, expôs os fatos em três tweets em 2014.

> Para criar um site no Gov Fed que faça *qualquer coisa*, é preciso ler mais de 1.000 páginas de políticas obrigatórias.
>
> @noahkunin, 12 de dezembro de 2014

> Se precisar gastar dinheiro para construir esse site, adicione mais 2.000 páginas. Quer armazenar dados? Mais 200.
>
> @noahkunin, 12 de dezembro de 2014

> Se seguir assim e ainda ler alguns guias de implementação, provavelmente serão agora umas 3.500 páginas. É uma burocracia em crise.
>
> @noahkunin, 12 de dezembro de 2014[5]

Passamos por isso em primeira mão: um cliente potencial do Governo dos EUA veio até nossa empresa atrás de ajuda no desenvolvimento de um novo sistema. O cliente imaginou uma plataforma de comunicação poderosa para conectar o governo estadual e seus constituintes — um sistema moderno de conversa bidirecional. Era uma oportunidade empolgante e única, não havia nada parecido na época. Bem, nem é preciso dizer que queríamos pegar o projeto.

Os líderes do projeto explicaram seus objetivos: a ideia era reduzir os milhões de dólares gastos anualmente com o correio substituindo as correspondências por um sistema eletrônico. E eles já tinham uma longa lista de funcionalidades exigidas em uma data específica que supunham atingir tal objetivo. Mas ficou claro, à medida que conversávamos, que não eram suposições comprovadas. Trabalhando com os líderes do projeto, propusemos uma abordagem diferente, projetada para testar suposições e medir o sucesso em termos de redução nos custos com correios — um resultado — em vez de em termos de funcionalidades criadas.

Não deu certo: nossos clientes foram forçados a recusar, pois eles simplesmente não podiam assinar um contrato sem um comprometimento a um conjunto específico de funcionalidades. Dado o alto custo, a aprovação do orçamento deveria ser feita pelo procurador-geral do estado, um cargo eleito. Era ano eleitoral, e ele não queria correr riscos, não queria enfrentar perguntas sobre a autorização do uso do dinheiro do contribuinte sem um compromisso claro do fornecedor de construir um sistema exatamente como o especificado.

Mas há um movimento visando mudar isso tudo. Um dos primeiros projetos em que o GDS do Reino Unido trabalhou foi uma nova forma de licenciar projetos — em outras palavras, uma nova forma de autorizar gastos. Reconhecendo a importância de testar suposições (em vez de definir requisitos) antes de financiar o desenvolvimento do sistema, a GDS dedicou oito meses à obtenção da aprovação para um novo processo de licenciamento que envolve uma fase de descoberta seguida por uma fase alfa. A GDS descreve isso da seguinte maneira: "Ao projetar um serviço, é impossível prever tudo com antecedência. Cada projeto apresenta muitos desafios e, ali [na fase alfa], você começará a explorar suas soluções."[6]

Nos EUA, a 18F também trabalha nas regras de aquisição. Desde o final de 2015, eles testam novos métodos para envolver empreiteiros e fornecedores, além de publicar os resultados dessas experiências em seu blog. Em 2016, lançaram um piloto dessa nova abordagem designando a participação de duas agências governamentais: o FBI e o Departamento do Tesouro dos Estados Unidos.[7] Estamos no estágio inicial desse esforço, mas claramente pode-se ver o reconhecimento, e o trabalho para mudar o sistema já começou.

Escassez das Pessoas Qualificadas

É necessário um certo tipo de atitude para abraçar um estilo de trabalho com a abordagem sentir e responder. Aqueles que prosperam nesse ambiente são curiosos, humildes e ficam à vontade com a incerteza, são orientados para o aprendizado e tendem a ser bons colaboradores. Buscam feedback sobre seu trabalho e querem corrigir o que não estiver certo. Nem todo mundo se encaixa nessa descrição.

Um de nossos clientes, um varejista de moda feminina, nos contratou para construir uma abordagem (baseada em evidências) inovadora para seu processo de desenvolvimento de produto digital. Ao longo de alguns dias de treinamento, as equipes foram absorvendo o material da abordagem sentir e responder, e foram progredindo. Mas quando chegou a hora de se aventurar em campo nas entrevistas com clientes, um pequeno motim foi instaurado. Engenheiros de *back-end*, que normalmente trabalham o mais longe possível do cliente real, ameaçaram pedir demissão se fosse preciso sair do escritório para conversar com seus clientes.

Pode-se imaginar nossa surpresa com essa reviravolta. Lá estávamos nós, no início do esforço de treinamento para o cliente, e nos deparamos com a possibilidade de que essa transformação pudesse se desfazer antes mesmo de começarmos. Puxando o cliente de lado, usamos esse incidente como um momento de aprendizado.

No fim, foi possível negociar um acordo no qual os engenheiros ainda partiriam para o campo, mas funcionariam como anotadores, sem precisar falar com nenhum cliente.

Esse foi um momento de aprendizado para todos nós. A criação de conversas bidirecionais com uma abordagem de sentir e responder cria ciclos de feedback que ainda não existem. Isso pode ser desconfortável para os membros de certas equipes. Se você se comprometer com essa forma de trabalhar, poderá acontecer o afastamento de alguns de seus colegas. Aceitar isso ajudará sua organização a estabelecer o ambiente certo mais rapidamente, e quanto mais rápida essa configuração, mais atrairá indivíduos com ideias semelhantes.

As empresas que empregam sentir e responder de forma bem-sucedida encontram pessoas que *desejam* trabalhar dessa forma. Você precisa contratar solucionadores de problemas e pessoas inquietas, que gostem de desafiar o *status quo*. Esse tipo de pessoa é atraída por ambientes que praticam essa forma de trabalho. Não se pode contratar as pessoas certas sem o ambiente certo, e nem criar o ambiente certo sem as pessoas certas. A boa notícia é que provavelmente existem pessoas em sua equipe agora que prefeririam trabalhar dessa forma, mas que ainda não tiveram a chance de aplicá-la. Encontre-as e ofereça a elas o desafio que procuram.

Protegendo a Sua Marca enquanto Testa Hipóteses

As marcas fazem uma promessa. Se você já está no mercado há algum tempo, seus clientes passam a esperar coisas de você, como qualidade, serviço e confiabilidade. É compreensível que você tenha cautela ao testar coisas sem considerar como seus clientes se sentirão a respeito delas. Ninguém quer arriscar alienar seu público, ou até mesmo parecer que está testando coisas sem noção — dando tiros no escuro.

Todas são preocupações legítimas. Algumas das maiores empresas com as quais trabalhamos também sentiam isso. Para contornar a questão, muitas delas fazem seus experimentos fora da marca, lançando novas ideias sob nomes de empresas falsos, por exemplo, ou experimentando as coisas em uma escala tão pequena de maneira que limite o impacto de um resultado ruim sobre a marca.

Mas algumas empresas estão dispostas a experimentar em público. A Nordstrom, uma rede de lojas de departamentos estadunidense famosa pelo atendimento ao cliente, fez um vídeo de uma de suas equipes de inovação fazendo testes na loja. O experimento — e o vídeo, amplamente visto no YouTube — dá à marca uma imagem incrível: ousada, destemida, respeitosa e atenta às necessidades dos clientes. A Nordstrom está, nas palavras da estrategista Christina Wodtke, "experimentando com seus clientes, não em seus clientes".[8]

O Medo de Ser uma Moda Passageira

"Design thinking", *"lean"*, *"Six Sigma"*, inovação orientada ao cliente, startup enxuta, *"Ágil"*, *"loops OODA"*. Parecem familiar? Em um ponto ou outro, essas ideias tornam-se a moda do mês nos círculos de gestão. E não há dúvidas de que as ideias se tornam moda, ga-

nham popularidade e parecem que salvarão nossas empresas, sendo então descartadas quando, de alguma forma, não correspondem ao exagero. Talvez você veja a expressão *sentir e responder* e pense que é apenas mais uma tendência para adicionar a essa lista.

Mas estamos falando de uma resposta que surgiu para administrar a nova realidade presente. A incerteza, graças à natureza dos produtos e dos serviços digitais, veio para ficar, e será preciso encontrar uma forma de avançar de forma produtiva. Sentir e responder é simplesmente o rótulo que aplicamos a um grupo de abordagens relacionadas que parecem ser nossa melhor forma de avançar no momento. Essas abordagens incorporam as ideias de colaboração, aprendizado contínuo e tomada de decisão baseadas em evidências. É sobre reunir evidências e reduzir o risco continuamente.

Essas abordagens incluem processo, mas sentir e responder não é apenas um processo. Incluem mudança de cultura, mas sentir e responder não é somente uma atitude. Sentir e responder é a versão mais recente de uma abordagem que gerencia a incerteza que há muito tempo existe, certamente anterior à Revolução Industrial. Portanto, mesmo que modas venham e vão, a tecnologia veio para ficar. Sentir e responder é como você gerencia no mundo digital.

Conclusões de Sentir e Responder para Gestores

- ✓ Ainda que nenhuma abordagem seja certa para todos os contextos, as abordagens de sentir e responder podem ser — e estão sendo — usadas em lugares que podem parecer improváveis à primeira vista.

- ✓ Sentir e responder não é abdicar de uma visão. Muitas vezes, é a melhor forma de chegar a uma visão.

- ✓ As empresas orientadas por funcionalidades podem mudar para abordagens de sentir e responder, mas essa mudança deve ser impulsionada pela liderança.

- ✓ Até mesmo grandes empresas, governos, setores regulamentados e projetos críticos para a segurança podem usar — e estão usando — métodos de sentir e responder.

- ✓ As regras de aquisição podem ser um obstáculo, mas as organizações estão revendo os padrões de aquisição para trabalhar dessa forma.

- ✓ Mesmo marcas bem respeitadas podem adotar essa abordagem.

- ✓ Sentir e responder não é uma moda passageira. É uma resposta natural à natureza do trabalho moderno.

4

Você Está no Ramo de Tecnologia

A esta altura, você pode estar tentado a olhar para o que a Amazon e outras empresas de tecnologia estão fazendo na área e dizer: "Isso funciona para essas empresas, mas não somos uma empresa de tecnologia, não precisamos nos preocupar com esse tipo de mudança estrutural." Mas isso não é verdade. No mundo dos negócios, a tecnologia digital chega atingindo todas as dimensões, forçando todas as empresas a encontrar uma maneira de responder a essa questão. De alguma forma, atualmente, todo negócio é um negócio digital.

Reflita sobre sua empresa. Imagine o produto ou o serviço que ela oferece. Pense na maneira como é feito, como é adquirido, como o cliente compra, como os usuários consomem. Esses processos estão mudando por causa da tecnologia digital.

Pense em como vende esse produto, como o posiciona no mercado, pense no treinamento de sua equipe, em como você se responsabiliza, como paga seus empregados e fornecedores, como trabalha com seus sócios. Você percebe uma mudança radical em todas as dimensões de seu negócio. E quem impulsiona essa mudança é a tecnologia digital. Ou, mais especificamente, a mudança é impulsionada por aquilo que seus concorrentes, clientes, usuários e, sim, até mesmo seus funcionários são capazes de fazer — e estão fazendo — graças à tecnologia digital.

Entendendo como o Comportamento do Usuário Está Transformando Mercados

Na década de 1990, a Amazon foi talvez a primeira empresa a criar uma grande vantagem comercial ao implementar conteúdo gerado por usuários. Ao permitir que clientes avaliassem os produtos em seu site, a companhia entrou em conversas bidirecionais com seus clientes e forneceu uma vantagem material para outros compradores que buscam comprar produtos na internet. O acesso a esse conteúdo fez com que os clientes escolhessem a Amazon, em vez dos concorrentes. E, nos últimos dez anos, notamos que as avaliações online, e outros conteúdos gerados por usuários, estão se tornando uma grande potência, capaz de mudar indústrias.

Pense no mercado de luxo dentro da indústria de cosméticos, que por anos contou com balcões de maquiagem de lojas de departamentos como seu principal canal de vendas. Os balcões atendem a uma necessidade importante dos clientes, eles podem entrar em uma loja de departamentos, serem atendidos nele e obter dicas valiosas sobre os produtos que estão à venda. Podem entender quais produtos atendem às suas necessidades e receber instruções de profissionais treinados sobre como usá-los.

Mas esse canal enfrenta uma ameaça: o YouTube — que já foi o paraíso dos vídeos de gatinho e vídeos caseiros engraçados. A rede renasceu de diversas maneiras, entre elas como uma plataforma de dicas. A plataforma está repleta de vídeos instrutivos. Ao pesquisar "maquiagem" no site, foram encontrados quase 8,5 milhões de resultados, que abordam diversos tópicos — "tutorial de maquiagem para olhos castanhos", "para iniciantes", "para mulheres negras", "para adolescentes". Como acontece com qualquer coisa na internet, alguns desses vídeos não são muito bons, mas outros são excelentes. Na verdade, os melhores produtores de conteúdo viram celebridades. De acordo com uma publicação do setor, os usuários do YouTube assistem a mais de 120 milhões de vídeos de beleza todos os dias.[1] Talvez o que mais impressione, quando se trata do conteúdo de beleza disponível na plataforma, é que as maiores marcas detêm apenas 3% desse conteúdo.

Não pelo fato de elas desejarem criar seu próprio material, e sim porque os usuários querem ouvir as opiniões de outros usuários. Michelle Phan é provavelmente a maior usuária. Com o YouTube como plataforma principal, Phan tem mais de 8 milhões de assinantes e mais de 1,1 bilhão de visualizações em seus 350 vídeos de tutorial de maquiagem. Ela começou a postar esses vídeos no YouTube em 2007, e em 2010, a Lancôme, uma gigante do setor, passou a patrocinar suas produções, fazendo dela sua "maquiadora para vídeos oficial". Ainda mais impressionante foi a parceria de Phan, em 2013, com a empresa detentora da Lancôme, a L'Oreal, que criou uma linha de produtos chamada "por Michelle Phan".

Tanto marcas quanto varejistas sentem o impacto desse conteúdo online gerado por usuários. De acordo com uma pesquisa recente da Ernst & Young sobre o setor, "o crescimento, a lucratividade e a fidelidade do cliente em relação a uma marca serão difíceis de manter. A nova geração de clientes conectados, com acesso instantâneo a preços globalmente transparentes, comparações entre produtos e opiniões de blogueiros de luxo, dificultará a justificativa e a sustentação desses valores mais altos, o que é crucial para uma estratégia de luxo."[2]

Respondendo às Mudanças de Expectativa do Consumidor e do Padrão de Consumo

Com a popularização dos serviços digitais, nossas expectativas como consumidores mudaram. Basta "dar um Google" para descobrir algo. Se precisarmos chegar a algum lugar, vamos de Uber. Precisa de algo além de hotéis medianos para sua viagem? Entre no Airbnb. Se precisarmos de algum produto, em dois dias a Amazon pode entregá-lo em nossa porta, e em algumas cidades, dentro de uma hora. Podemos consultar especialistas como a própria Michelle Phan por meio do YouTube, Twitter e Pinterest. Ah! E todos esses serviços e produtos estão disponíveis em qualquer lugar, a qualquer momento, diretamente na telinha de nossos smartphones.

Por que esses serviços lucram tanto? Porque eles oferecem aos clientes a utilidade que procuram de uma forma que consegue responder profundamente às suas necessidades. A tecnologia, quando aplicada corretamente, é tão maleável, que permite aos provedores de serviços e criadores de conteúdo não apenas oferecer o serviço, mas também ajustá-lo praticamente em tempo real, de acordo com o modo como os clientes utilizam o serviço, a demanda que geram e o feedback que criam.

Este é um momento de virada na maneira com a qual interagimos com nossos clientes. A mesma tecnologia que potencializa o aprendizado contínuo em nossas empresas também impulsiona, em tempo real, as interações que nossos clientes esperam de nós. Se não atendermos às suas expectativas, tratarão de procurar outro fornecedor antes mesmo do tempo que leva para se dizer a palavra iPhone.

Aprendendo com a Nespresso

Uma bela demonstração dessa nova era de expectativas se escancarou quando a lenda da gestão Tom Peters entrou no Twitter para compartilhar sua frustração com sua nova cafeteira da Nespresso. Enquanto seus 127 mil seguidores observavam, Peters tuitou diversas reclamações sobre o produto e o serviço.

Primeiro, ele tentou registrar a máquina, que foi um presente de sua esposa (também nos sentimos mal por ela). Peters tuitou o seguinte:

> Uma salva de vaias! Que patético! Registar minha Nespresso é mais difícil do que registar um carro em Massachusetts.

Cinco horas depois, ainda frustrado, Peters continuou:

> Tentei registar a Nespresso novamente e exigiram mais informações do que o credenciamento da CIA. Essa gente é insanamente horrível.

Três horas depois, Peters fez uma aposta com seus seguidores:

> Prontos para uma aposta de US$1.000? Aposto que o diretor executivo da Nestlé nunca usou o site da empresa para fazer qualquer tarefa.[3]

As tentativas em vão da equipe de atendimento ao cliente da Nespresso no Twitter para amenizar as preocupações de Peters, antes um assunto privado entre o cliente e a empresa, tornaram-se públicas. A internet toda estava assistindo essa interação entre os dois perfis. E para piorar a situação, a história foi divulgada pela mídia e causou ainda mais constrangimento à empresa.[4]

Entendendo que os Problemas São Oportunidades

As coisas não precisam ser assim. Se você ouvir o feedback dos clientes e observar como interagem com seu serviço, será capaz de transformar atritos em novas trocas valiosas com seus clientes — *antes* que um especialista famoso perceba e leve isso a público. Por exemplo, vejamos esta pequena história do Spotify, o serviço de streaming de música online.

O Spotify tinha uma peculiaridade em seu serviço. Somente uma conta por vez poderia fazer streaming de músicas. Se acessasse o Spotify em seu computador e, então, começasse a ouvir em seu celular, isso acabaria interrompendo a transmissão em seu computador. Isso não era um grande problema para usuários individuais, mas significava que o cliente não poderia compartilhar a conta com a família dele. Por exemplo, eles não poderiam ouvir na cozinha se você estivesse ouvindo em seu carro.

Consumidores reclamaram, e o Spotify foi capaz de quantificar o tamanho do problema observando as métricas do serviço. O problema era grande, mas tratava-se de um mesmo usuário usando dois dispositivos, ou do compartilhamento de contas? A empresa precisava saber mais. Sem muita "firula", e como parte de suas atualizações bimensais no aplicativo, foi introduzida a ferramenta que avisava aos usuários quando outro dispositivo estava prestes a interromper sua transmissão, oferecendo a opção de escolher o que aconteceria. Essa mudança melhorou a experiência do usuário, mas fez ainda mais: possibilitava que o Spotify coletasse dados (sensíveis). Baseado parcialmente nesse novo *insight*, observaram os dados e reuniram evidências para oferecer um novo serviço: um plano "família", que, em troca de um aumento sutil na taxa mensal, permitiria streaming simultâneo para membros da mesma família.

Respondendo ao Mercado: Agora Você Está em um Negócio de Tecnologia

Essas histórias exemplificam dois conceitos importantes. A história do Spotify demonstra que, se entendemos o que os consumidores estão tentando fazer, provavelmente poderemos encontrar um caminho para criar um serviço significativo para eles — um que julguem ser um bom investimento. A história da Nespresso ilustra nosso segundo conceito: até mesmo modelos de negócios testados e comprovados como o da Nespresso (que vende máquinas de café e, então, continua lucrando com a venda de cápsulas de café exigidas pela máquina) são agora serviços multicanal. Os consumidores de Nespresso compram seus refis de cápsulas de café pela internet, então, adivinhe só? A Nespresso está no negócio digital. Não basta ter excelentes máquinas que tenham ótima aparência e façam um café delicioso. A Nespresso precisa de um serviço digital também.

Usando Serviços Multicanal: Sonic Automotive

Responder ao feedback de consumidores não é mais apenas uma opção. Ignorar esse feedback significa mais do que arriscar suas vendas, como também perder a habilidade de direcionar a narrativa sobre seu negócio. E isso é particularmente verdade na indústria de automóveis.

Antes da adesão em massa à internet, compradores normalmente visitavam uma série de concessionárias de carros até tomar uma decisão de compra. Agora as visitas à concessionária antes da compra caíram para uma média de 1,9. Os consumidores fazem grande parte da pesquisa virtualmente. Conferem o estoque, fazem comparações de preço e leem avaliações do atendimento ao cliente.[5] Os consumidores entram na concessionária informados sobre o veículo que desejam comprar, desde suas características até o preço "certo" a pagar por ele. E eles sabem que tipo de serviço poderão esperar de cada revendedor. As concessionárias sabem que têm má reputação sobre seu serviço e sabem que seus clientes agora estão mais informados do que nunca. Dado isso, as próprias concessionárias lançam mão da tecnologia para abordar esses consumidores digitalmente empoderados.

A Sonic Automotive, uma empresa listada na *Fortune 500* e um dos maiores conglomerados de concessionárias dos Estados Unidos, tem percebido as constantes mudanças no comportamento dos compradores de carro por anos. A companhia rastreia interações de consumidores por meio de cada canal — na web, através de seus aplicativos móveis e, mais recentemente, mediante suas interações na loja. Para melhor atender aos clientes do *showroom*, que estão prontos para partir para a próxima concessionária em um piscar de olhos, a Sonic forneceu iPads para seus vendedores, que ajudavam a garantir acesso imediato a detalhes de fábrica, preferências dos clientes e serviços posteriores, como financiamento e seguro. Isso dá aos vendedores a capacidade de responder aos clientes que escolhem sua concessionária de uma forma única, diferente de todos os seus concorrentes. O objetivo aqui é aumentar a credibilidade dos vendedores, tornando-os mais receptivos a perguntas específicas, permitindo que possam também concluir vendas sem a temida parte de "repassar para o setor financeiro".

É importante integrar ferramentas digitais a um processo de vendas tradicional, mas o objetivo é ter clientes satisfeitos. Além disso, a Sonic mudou outro componente importante de sua oferta de serviços: a estrutura de remuneração. Ela está se afastando de um modelo de remuneração estritamente por comissão, o qual a empresa acredita que impulsiona o relacionamento entre comprador e vendedor. Atualmente, a remuneração do vendedor é de 75% do salário-base e um bônus de 25% com base nas avaliações dos clientes. De repente, o objetivo de um vendedor não é vender mais carros, mas oferecer a melhor experiência ao cliente. Comentários online, análises, classificações e outras formas de conteúdo gerado pelo usuário conduzem a avaliação da Sonic sobre a experiência do cliente. Os dividendos pagos por isso podem ser quantificados em vendas, vendas repetidas, análises online e marketing boca a boca.

Embora muitas das histórias que compartilhamos tenham se concentrado em melhorias no serviço digital, é importante lembrar que o digital não é um objetivo por si só. O objetivo é promover algum tipo de mudança e agregar algum tipo de valor. Em outras palavras, a iniciativa dos iPads da Sonic não é sobre esses dispositivos, é uma questão de serviço. As ferramentas digitais simplesmente fornecem à Sonic uma maneira de medir os resultados de vendas relacionados aos resultados do serviço aplicado. Ao se concentrar no conteúdo gerado pelo usuário, a empresa se envolve no tipo de conversa bidirecional com o mercado: o tipo sentir e responder.

Observando a Pressão dos Consumidores em Outros Mercados

A pressão por parte dos consumidores digitais atinge todos os setores industriais. Provavelmente, não é nenhuma surpresa ver essa dinâmica acontecendo em empresas de consumo, como concessionárias de automóveis. Mas isso está acontecendo também em setores de nicho, mesmo em algumas das empresas mais antigas do mundo.

A criação de animais é uma prática centenária, que depende de uma mistura de experiência direta com rebanhos e sabedoria transmitida de geração em geração. No entanto, os agricultores mais jovens, assumindo o controle da geração anterior, se tornam cada vez mais experientes em tecnologia. Assim, confiam menos no conhecimento geracional e mais no Google. Por que se lembrar de tudo quando você pode apenas pesquisar?

A Select Sires é uma empresa norte-americana que atende produtores de laticínios e carne bovina. Com sede em Ohio, a Select Sires é "a maior organização de inseminação artificial da América do Norte".[6] Ou seja, a empresa vende sêmen de touros para criadores de gado. Alguns clientes criam gado para corte, outros, para leite. Esses fazendeiros procuram a Select Sires para ajudá-los a cultivar seus rebanhos e manter sua saúde e produtividade, geração após geração.

Para a Select Sires, a competição no espaço cresceu dramaticamente. Devido ao aumento da mistura de linhagens de touro, a diferenciação no nível do produto (o próprio sêmen) se torna difícil de alcançar. Se a Select Sires produz um animal de primeira linha, o comprador, geralmente um criador de animais experiente, pode usar esse touro para criar um produto concorrente. Portanto, a Select Sires oferece mais do que um bom produto.

Acontece que o gerenciamento da genética de um grande rebanho é uma operação complexa e com muitos dados. É preciso construir características desejáveis em todo o rebanho, evitar a consanguinidade e observar os padrões e as fraquezas do rebanho. Para fazendeiros com centenas ou milhares de animais, isso pode ser incrivelmente desafiador. E para a Select Sires, aí está a oportunidade de diferenciação.

Na década de 1960, no início das operações da Select Sires, a equipe avaliava os animais de um rebanho de acordo com quinze características diferentes, observando os animais de perto e inserindo tais informações em uma planilha de papel. Em seguida, os criadores examinavam toda aquela papelada para encontrar os pares certos para o cruzamento — um serviço de acasalamento. Com o passar dos anos, a coleta de dados passou para computadores portáteis, e a análise tornou-se mais sofisticada. Agora, o mercado-alvo, mais jovem e experiente em tecnologia, da empresa exige acesso instantâneo a detalhes genéticos e dados comparativos.

Para atender a essa demanda, a Select Sires contratou engenheiros de software, criou um serviço de busca — pense nele como o Google dos criadores de gado — aliado a um banco de dados comparativos que permite aos compradores ver em quais aspectos o produto da Select Sires supera a concorrência.

Também desenvolveram uma versão digital de seu serviço de cruzamento. Um cliente pode inserir uma série de características que gostaria de ver em um rebanho futuro. Por exemplo, se os animais produzirão leite para uma fábrica de queijo, o fazendeiro pode usar as ferramentas de software virtuais da Select Sires para selecionar esses aspectos e analisar os dados em questão de segundos. Um processo que teria levado horas de papelada agora acontece em um instante.

A Select Sires usa os dados de pesquisa gerados por esses serviços digitais para melhorar suas próprias ofertas. Eles rastreiam e analisam as interações do cliente com os sistemas para ajudar a avaliar a demanda do mercado. Portanto, seu planejamento de produto é baseado em evidências reais do comportamento e das necessidades do cliente, em vez de em suposições e achismos acerca do que os criadores de gado desejam na próxima temporada.

A digitalização ocorre para além dos aspectos da empresa voltados para o cliente. A Select Sires trouxe tecnologia para o depósito do produto, permitindo que os selecionadores e os embaladores trabalhem com mais eficiência, rapidez e menos erros do que antes da mudança. No armazém, o produto é armazenado em recipientes do tamanho de sacos de café, que, por sua vez, são mantidos em nitrogênio líquido. No início, os pedidos eram realizados em formulários e listas de estoque de papel, etiquetas minúsculas e sistemas de rastreamento manual. Para ajudar a localizar e selecionar o produto, a equipe do armazém agora navega pelo depósito em um carrinho que conta com um computador desktop e alguns monitores. O próximo projeto é transferir tudo para um dispositivo móvel.

O que vale para Select Sires se aplica a todos os setores. Não se trata apenas de clientes, produtos, serviços e operações. De forma constante e generalizada, tudo se torna movido por software. O impressionante é o nível de adaptação da Select Sires, que reconfigurou o modo como apresenta e vende seu produto. Eles modernizaram a coleta de dados e construíram um serviço baseado nisso. Melhoraram as operações, e os membros da equipe continuam a repensar a maneira como fazem negócios e como utilizam a tecnologia, para entregar mais ao mercado.

Respondendo à Ameaça Competitiva que Você Nunca Cogitou

Em *O Dilema da Inovação*, o professor Clayton Christensen, de Harvard, descreve as inovações disruptivas — pelas quais há uma mudança nas indústrias e criação de novos mercados — aparecendo com frequência como não ameaçadoras em um primeiro momento. Pode ser um tutorial de maquiagem para adolescentes no YouTube, que é menos funcional do que seu produto principal (é famoso o fato de Michelle Phan ter se candidatado para trabalhar no stand de maquiagem da Lancôme e ter sido rejeitada por falta de experiência).[7] As inovações são vistas, a princípio, como sendo de menor qualidade, como um brinquedo. Como resultado, as empresas desdenham da inovação e seguem em frente, até que o "brinquedo" comece a ganhar forte adesão de clientes e os funcionários responsáveis prestem atenção — quando, normalmente, já é tarde demais.

Nem o empreendedorismo nem a inovação disruptiva são novidades. A novidade é o aumento drástico no poder da tecnologia e o declínio correspondente no custo. Isso deu origem a toda uma geração de empresários que colocam a mão na massa em seus próprios brinquedos. Eles têm acesso a uma escala e um alcance que, no passado, levaria anos (e exigiria investimentos enormes) para criar.

A tecnologia também aumentou o ritmo operacional desses empresários. Antes, os empreendedores levavam anos para trazer sua visão ao mercado. Agora, uma ideia pode ser concebida, prototipada e entregue ao mercado, recebendo um feedback em poucos dias. É fácil caçoar dessas experimentações dinâmicas, até que, de repente, você descobre que elas são uma ameaça real ao seu negócio principal. Para analisar exemplos recorrentes desse fenômeno impulsionado pela tecnologia, basta ver o jornalismo da mídia de massa.

BuzzFeed Versus New York Times: *Parecia uma Piada*

O BuzzFeed foi lançado em 2006 como uma série de experimentos para encontrar o conteúdo mais compartilhável na internet. O fundador, Jonah Peretti, à frente de sua outra startup de mídia, o *Huffington Post*, lançou um projeto paralelo focado em peneirar milhões de links para encontrar aqueles que conversem com o grande público. Dois anos depois, o BuzzFeed recebia um milhão de acessos por mês, atraindo os visitantes com uma mistura de memes de fotos, listas cativantes (como "21 fotos que restaurarão sua fé na humanidade") e conteúdo patrocinado. O financiamento começou a entrar, e a empresa cresceu.

Mesmo que o conteúdo fosse trivial — e provavelmente esse tenha sido o motivo pelo qual as principais organizações de mídia o ignoraram —, o BuzzFeed aperfeiçoava um novo tipo de modelo de distribuição, alimentado por compartilhamento. De experiência em experiência, o BuzzFeed aprendia. As funcionalidades que permaneceram no site davam suporte a uma ação acima de tudo: compartilhar. E foi esse compartilhamento contínuo de conteúdo que os ajudou a crescer, chegando a 150 milhões de acessos mensais.

O BuzzFeed poderia ter se acomodado com seus feitos e continuado na mesma trajetória, mas depois de cinco anos de existência, a empresa fez algo interessante. Pegou a plataforma e o público que havia criado e começou a alimentá-los com conteúdo legítimo de notícias. Contrataram jornalistas veteranos que cobriram esportes, política e noticiários nacionais e internacionais. À medida que 2012 se aproximava, os meios de comunicação tradicionais acordaram. Seus números estavam caindo. Para onde foram seus leitores? Acontece que eles se direcionaram para o mesmo lugar de sempre: o BuzzFeed. Mas desta vez, junto da lista com os trinta gatinhos mais adoráveis do mundo, liam sobre a eleição presidencial e outros tópicos de notícias importantes. O brinquedo se tornou algo legítimo. Em menos de dez anos, o BuzzFeed construiu uma audiência três vezes maior que o público virtual de organizações como o *New York Times*.

Esse é o poder da tecnologia. Ela não está sujeita a modelos de negócios ou pontos de vista tradicionais. Não é restringida pela produção física de mercadorias ou pelas limitações geográficas de distribuição. Pode ser aproveitada para experimentação, conversação e aprendizagem em um ritmo que seria impossível sem ela. O BuzzFeed é apenas uma das novas empresas de mídia que trabalha nesse ângulo, mas não se engane, isso está acontecendo em todos os setores.

Analisando a resposta do New York Times

Em 2013, os executivos do *New York Times* certamente estavam prestando atenção. Sentindo a pressão da revolução digital, realizaram uma auditoria interna — que durou seis meses (uma eternidade em anos de internet). O resultado dessa auditoria foi o *Relatório de Inovação do New York Times* de março de 2014, um relatório destinado ao público interno — e que vazou na internet logo após sua entrega.[8] É um documento que todos temos a sorte de ter. É notável por sua eficácia, franqueza e percepção; um modelo que as organizações em busca de aprendizado podem se esforçar para copiar.

Também é, não por acaso, uma acusação ao uso de práticas comerciais tradicionais para operar em um contexto digital e contém lições que se aplicam de forma ampla, além do jornalismo. Ele é repleto de *insights* incríveis sobre aquilo que se deve focar enquanto sua empresa navega rumo ao futuro.

O relatório começa desta forma:

O *New York Times* é campeão no quesito jornalismo. De todos os desafios que uma empresa de mídia enfrenta na era digital, produzir jornalismo de qualidade é o mais difícil. Nosso trabalho diário é profundo, amplo, inteligente e envolvente — e temos uma grande vantagem sobre a concorrência. Ao mesmo tempo, estamos ficando para trás em uma segunda área crítica: a arte e a ciência de levar nosso jornalismo aos leitores. Sempre nos preocupamos com o alcance e o impacto do nosso trabalho, mas não fizemos o suficiente para decifrar esse código na era digital.[9]

Como uma organização construída para fazer negócios, um trabalho de um século e meio, de certa forma, muda repentinamente sua estrutura operacional, seus incentivos, seu organograma e seus mecanismos de entrega para enfrentar esses novos desafios? Talvez a melhor articulação de resposta no relatório tenha vindo de Audrey Cooper, editora-chefe do *San Francisco Chronicle*. Cooper é citada como tendo dito: "Esperamos chegar eventualmente ao ponto em que, em vez de ser uma empresa jornalística que produz websites, pensemos em nós mesmos como uma empresa digital que também produz um jornal."[10]

De muitas maneiras, essa citação sustenta toda a tese deste livro: você deve primeiro ver sua organização como uma empresa digital. Seus produtos e serviços vivem no topo dessa estrutura digital para que possam ser amplamente acessíveis e escalonáveis, melhorando continuamente para atender às expectativas dos clientes. Os executivos do *Times* não avaliaram seus concorrentes em suas estratégias digitais, mas compararam a qualidade jornalística — um parâmetro pelo qual se destacavam consistentemente. No entanto, o número de leitores imprimia uma realidade diferente. Esse é talvez o maior resultado dessa história: mesmo que a qualidade de seu produto continue excelente, os canais pelos quais seus clientes o consomem estão em constante evolução. Esses canais estão cada vez mais digitais, e embora isso possa parecer assustador se você não trabalha em uma empresa de "tecnologia", o poder de construção de sentir e responder a partir de conversas por esses canais se iguala apenas ao risco de ignorá-lo.

Como resposta ao relatório, o *Times* deu passos significativos para unificar seus setores digital e impresso. Podemos observar um indício disso em ação na noite do Oscar de 2014, quando o jornal tuitou um link para uma história de 161 anos do Times sobre Solomon Northup, cujas memórias serviram de base para o filme *12 Anos de Escravidão*, ganhador de três estatuetas naquela noite. Também fizeram mudanças na redação — cortando o acesso à versão desktop do NYTimes.com para concentrar a equipe no celular e, mais recentemente, compartilhando números de análise da web com repórteres. Esta última é uma prática controversa, mas destinada a conscientizar todos sobre os desafios de distribuição que o jornal enfrenta. Essas mudanças, embora arriscadas, refletem o espírito dos autores do relatório, que observaram: "Devemos lutar contra nossos impulsos perfeccionistas. Embora nosso jornalismo precise se manter sempre refinado, nossos outros esforços podem ter algumas arestas quando procuramos novas maneiras de alcançar nossos leitores."[11]

Isso parece estar funcionando, pelo menos por enquanto. No último relatório, antes do lançamento deste livro, o *Times* relatou que as receitas de anúncios digitais aumentaram 10,6%, e as receitas de assinaturas digitais, 13,3%.[12]

Adaptando-se ao Novo Cenário

Informamos diversas vezes que você está no negócio digital. Da mesma forma, poderíamos ter dito que seus concorrentes já estão no negócio digital. Isso ocorre porque as novas funcionalidades e práticas digitais que descrevemos criaram um cenário para todos nós. Vamos analisar esse espaço.

Melhorando o Alcance Geográfico

Se há algo que foi claramente redefinido pela economia digital, trata-se da nossa capacidade de atuar em escala global. Houve um tempo em que ter alcance global significava precisar de escritórios, depósitos e pessoas em todos os continentes, o que não é mais uma realidade.

Nenhuma empresa incorpora mais essa nova ideia de escala do que o Facebook, o arquétipo da escala do século XXI. Contando com quase 11 mil funcionários, acumula uma capitalização de mercado de US$257 bilhões. Compare isso com a General Electric, que tem um valor de mercado semelhante, de US$288 bilhões, porém, mais de 300 mil funcionários e escritórios em quase todos os países do mundo. O Wal-Mart, com valor de mercado de US$212 bilhões, tem mais de 2,2 milhões de funcionários.

Porém, talvez o mais impressionante seja o alcance do Facebook. O Facebook ostenta insondáveis 1,6 bilhão (sim, com *b*) de usuários mensais ativos. Apesar do fato de que a maior parte de seus funcionários esteja baseada na Califórnia, quase 83% dos usuários do Facebook estão fora dos Estados Unidos — e a empresa contava apenas 12 anos quando este livro foi escrito. Como poderia ter alcançado tamanho impacto global com tão poucos funcionários e em tão pouco tempo? A resposta é, obviamente, a tecnologia digital.

Atendendo em Múltiplos Canais

Para entrar na vida das pessoas, é preciso simplesmente existir digitalmente — na web, em aplicativo, em seus dispositivos. Na verdade, seus clientes esperam que você esteja lá. Cada vez mais, as empresas migram para os canais digitais. Alguns parecem experimentos bobos, mas outros — aqueles que criam valor significativo para os clientes —se tornam rapidamente essenciais.

Nos últimos anos, a Domino's Pizza tem se empenhado agressivamente em experimentos em canais digitais. Suas lojas estão por toda parte nos Estados Unidos, mas pode ser que você esteja longe de uma (ou não saiba que há uma perto) quando estiver com vontade de comer pizza. A Domino's agora se integra a pelo menos oito canais digitais. É possível fazer pedidos via Twitter, dentro de seu carro usando a plataforma SYNC da Ford ou no aplicativo móvel da Domino's. Na verdade, um lançamento recente permite que se possa pedir pizza simplesmente enviando uma mensagem de texto com um emoji de "fatia de pizza" para o restaurante Domino's mais próximo. A Domino's nunca foi conhecida por ter a melhor pizza, mas claramente espera que a conveniência e a diversão atraiam e mantenham uma base de clientes leais. Podem parecer meros "brinquedos", mas lembre-se das lições do *Dilema da Inovação*: os brinquedos de hoje podem se tornar as inovações de amanhã

A designer Rebecca Minkoff, com sua marca que leva o mesmo nome, é outro exemplo de marca que está construindo uma experiência multicanal no universo digital. Em sua principal loja em Nova York, a equipe da designer usa etiquetas RFID* para rastrear o movimento dos itens na loja. Quando um cliente leva uma peça para o provador, uma tela de toque especial integrada ao espelho "sabe" qual item está lá e transforma o espelho em um visor para mostrar a peça em outras cores e com acessórios complementares. Os clientes podem solicitar um tamanho ou uma cor diferente diretamente no dispositivo do espelho. Os clientes também podem usá--lo para pedir um café ou uma taça de champanhe, gratuitamente, simplesmente digitando seu número de telefone. E com esse deta-

---

* RFID — Identificação por radiofrequência (do inglês "*Radio-Frequency IDentification*"). (N. da R.)

lhe, Minkoff é capaz de fechar o ciclo vinculando o comportamento na loja física à conta online de um cliente. Se o cliente já acessou o site e fez uma compra ou criou uma lista de desejos, a loja também poderá exibir esses itens na tela do espelho.

Os vendedores da marca também obtêm informações do sistema. Eles podem rastrear quais itens são colocados nos provadores, o que fica para trás e o que é comprado. De certa forma, a loja inteira — tanto a versão offline quanto a online — segue respondendo ao comportamento dos clientes e criando valor para eles e para a empresa.[13] Esse é mais um exemplo da conversa contínua com os clientes possibilitada pelos serviços digitais.

Escalando o Valor de Pensamento Centrado no Usuário nos Negócios

Por que essas melhorias digitais e ofertas atualizadas geram fidelidade e escalabilidade? Seria fácil responder presumindo que os consumidores estão sempre atrás do que há de mais novo e mais atraente em acessórios ou dispositivos. A realidade, porém, é que atender às necessidades do consumidor melhora a experiência do usuário e cria valor.

Não se trata da tecnologia em si. Isso se tornou algo "comoditizado" e barato. Em vez disso, o valor que você oferece aos clientes cria vantagem competitiva. Se puder facilitar o uso de um produto, reduzir o tempo que um cliente leva para concluir uma tarefa ou fornecer as informações certas no momento exato em que for necessário, você sairá vencendo. É isso o que a Uber faz: resolve muito bem um pequeno problema, o problema de chamar um táxi. E, com a capacidade da tecnologia de proporcionar alcance global, revolucionou o negócio tradicional dos táxis e cresceu em 58 países e 300 cidades em apenas 6 anos. Esperava-se que a Uber acumule US$10 bilhões em receita em 2016, sem possuir um veículo sequer.

São essas melhorias na experiência do usuário pelas quais os consumidores pagam e as quais compartilham com seus amigos. São esses momentos de deleite — digitais ou não — que aumentam a fidelidade à sua marca.

Usando Plataformas de Terceiros para Construir Coisas mais Rapidamente

O que permitiu que Michelle Phan, BuzzFeed, Uber e inúmeros outros negócios tivessem sucesso e ascensão foi a proliferação das plataformas digitais. Elas estão por toda parte. Formam a base das interações digitais que vivenciamos. Podemos pensar nelas como blocos de construção — as partes e as peças de infraestrutura que combinamos para criar produtos e serviços digitais. Essa proliferação de plataformas é interessante por alguns motivos.

Não precisamos fazer todo o trabalho

Primeiro, os sistemas que as empresas de tecnologia tinham que construir do zero agora podem ser terceirizados. Os sistemas amadureceram, estão estáveis e melhoram dia após dia. Portanto, se antes tínhamos de construir nossos próprios sistemas para gerenciar o básico (login do cliente, pagamentos etc.), agora podemos terceirizar essas tarefas para outras pessoas e nos concentrar apenas no desenvolvimento das partes que são exclusivas de nossos negócios.

É barato

Uma proliferação de software de código aberto e de alta qualidade está em curso, coisas que não custam nada para usar. Normalmente, as plataformas que não são de código aberto têm preços baixos, para começar. Os fornecedores costumam oferecer planos gratuitos ou de baixo custo, cobrando a mais apenas à medida que seu negócio cresce. Isso diminui a dificuldade de acesso para todos, oferecendo o mesmo acesso às ferramentas de classe mundial tanto para três crianças em uma garagem quanto para as empresas multinacionais.

Oferecem alcance amplo e instantâneo

Podemos usar as mídias sociais para iniciar o contato com clientes em todo o mundo. Qualquer pessoa com um cartão de crédito pode anunciar no Facebook — comprar um anúncio no Facebook leva cerca de 15 minutos — e instantaneamente alcançar um público estimado atualmente em 1,6 bilhão de pessoas. Podemos criar um blog no WordPress ou abrir contas no Pinterest, Tumblr, Instagram e Snapchat, assim atingindo instantaneamente milhões de pessoas.

Além do mais, plataformas de *e-commerce* como eBay e Etsy permitem o surgimento de varejistas especializados. Quando os comerciantes ultrapassam esse tipo de venda, podem construir facilmente suas próprias ofertas de *e-commerce* com plataformas como o Shopify, que lhes permite abrir uma loja online em seu próprio site. Já os processadores de pagamento terceirizados podem ser integrados ao site por um desenvolvedor de software em questão de minutos.

Os serviços básicos de infraestrutura de que precisamos estão todos disponíveis na nuvem. A divisão de serviços virtuais da Amazon, chamada AWS, agora funciona como o centro de dados para grande parte dos negócios digitais. Inclusive conta com a US Central Intelligence Agency como cliente.[14] E como acontece com todos esses provedores de plataforma, a dificuldade de acesso é ridiculamente baixa. Você pode começar a hospedar sua empresa na AWS com um cartão de crédito e um navegador e, então, crescer a partir daí.

Permitem que você aja rapidamente

O que todas essas plataformas têm em comum? São serviços de software desenvolvidos e projetados para reduzir atritos no desenrolar dos negócios. Permitem que uma equipe vá da ideia ao lançamento em apenas alguns dias, tornam o onipresente MVP (produto mínimo viável, tradução da sigla em inglês) possível e fornecem flexibilidade para aumentar ou diminuir conforme ditado pelo desempenho dos negócios. Permitem que as empresas se concentrem apenas na construção das partes de seus sistemas que agregam valor e recorram a fornecedores terceirizados para obter quase todas suas outras necessidades. Esses são os grandes equalizadores entre a grande corporação e os empreendedores iniciantes. E embora as grandes empresas, sem dúvida, tenham problemas mais complexos para resolver, a ameaça competitiva que essas plataformas criam ao fornecer aparatos às empresas menores não é menos real.

Percebendo como Seus Clientes Estão Se Comportando

O *New York Times* publicou recentemente um relato sobre uma família que contribuía com a empresa Nielsen. O serviço de classificação etária de televisão tem sido, por anos, fonte de referência para executivos de mídia e publicidade que tentam entender o que os norte-americanos assistem na TV. Mas a Nielsen ainda enviava formulários de papel para as famílias as quais monitorava. Pior ainda, de acordo com o telespectador entrevistado pelo *Times*, não havia espaço no formulário de papel para selecionar os programas que sua família assistia pela Netflix. A família não tinha mais TV a cabo havia cinco anos, mas a Nielsen não tinha um modo sistemática de saber disso. Compreensivelmente, os executivos de mídia estavam frustrados.[15]

Mas você pode apostar que os provedores de streaming, como a Netflix, sabem exatamente quantos espectadores estão assistindo aos seus programas. Isso acontece porque o streaming digital é construído em cima de um software que reporta à Netflix o que as pessoas estão assistindo. Ou seja, ao transmitir um programa na Netflix, você está participando de uma conversa bidirecional com a empresa, que a ajuda a entender suas preferências. Recentemente, a Netflix compartilhou publicamente alguns desses *insights* sobre os hábitos de streaming nos EUA. Por exemplo, os assinantes que assistem sem parar uma temporada inteira de um programa geralmente levam cerca de uma semana, dedicando pelo menos duas horas por dia à tarefa. Essas são as estatísticas que a Nielsen, com seu sistema em papel, está deixando passar.

Para a Netflix, a capacidade de sentir o comportamento de seus assinantes alimenta respostas muito específicas. Em uma entrevista recente, o diretor de conteúdo da Netflix, Ted Sarandos, explicou que a Netflix não pensa em classificações etárias do mesmo modo que uma rede de TV tradicional faria: "Podemos construir um programa para 2 milhões de pessoas e podemos construir um programa para 30 milhões de pessoas." Portanto, ele não quer comparar os tipos de programas. "Isso coloca muita pressão criativa nos criadores, o que não queremos que aconteça."[16]

A questão é que as empresas modernas que oferecem serviços digitalmente têm funcionalidades integradas de coleta de dados (é relativamente mais fácil construir essas capacidades do zero com plataformas bem desenvolvidas de coleta e análise de dados). Eles sabem o que seus clientes estão fazendo e podem responder a esse comportamento rapidamente. Podem tomar decisões mais embasadas de forma praticamente simultânea e não precisam mais fazer grandes e arriscadas suposições sobre o que seus clientes querem: eles podem sentir isso.

O Fator Limitante
Agora É Operacional, Não mais Tecnológico

As plataformas oferecem infraestrutura sólida e estável, a partir da qual se pode criar produtos e serviços que chegam a milhões de pessoas. Esses produtos geram percepções, graças aos dados disponíveis em seus sistemas. Portanto, a peça final do quebra-cabeça não é, de fato, a tecnologia, são as pessoas — especificamente, as pessoas na sua empresa. Sua configuração permite que você responda a uma conversa bidirecional? Sua velocidade de resposta corresponde à sua velocidade de percepção? Não estamos falando sobre a rapidez com a qual se consegue realizar coisas, mas o quão rápido se pode *decidir* fazer tais coisas.

Mudar a velocidade de resposta a novos *insights* tem tudo a ver com a tomada de decisões. Essas decisões devem refletir o ritmo de fluxo das informações. Para fazer isso, uma organização precisa confiar que seus gestores tomarão as decisões certas. As pessoas mais bem posicionadas para tomar decisões em tempo real (ou seja, responder aos dados recebidos) são aquelas que realmente fazem o produto ou realizam a mudança de política. Ninguém recebe mais investimento do que essa equipe de execução de linha de frente, ela está mais próxima do mercado e provavelmente tem os melhores *insights* sobre como responder. As empresas que dão liberdade de resposta imediata a essas equipes, eliminando burocracias, possibilitam um ritmo de trabalho que desbloqueia toda a capacidade técnica disponível em nosso mercado do século XXI.

Utilizar métodos ágeis é a maneira mais comum de organizar equipes para que elas possam responder rapidamente. Infelizmente, muitas empresas adotaram métodos ágeis sem realmente entender o motivo pelo qual fazem isso. Frequentemente, esses métodos são usados simplesmente para executar um plano predeterminado. A tomada de decisões — a capacidade de responder ao feedback do mercado — permanece fora da equipe e, portanto, opera em um ritmo muito mais lento. Essa é a mentalidade da era industrial, uma mentalidade impulsionada pela busca da perfeição, longos ciclos de produção, linhas de montagem e longas cadeias de comando. É também o que permitirá que concorrentes mais ágeis capitalizem as oportunidades antes de você. Em vez disso, o controle das decisões táticas deve ser passado para as equipes que estão mais próximas desse *insight*.

Empoderando Sua Equipe

Existem outras expectativas que você precisará atender caso deseje ver seu negócio crescer — as expectativas de seus funcionários. Fora do trabalho, funcionários também são consumidores. Eles usam a mesma tecnologia que todo o mundo. Quando chegam ao escritório, muitas vezes são solicitados a trabalhar com tecnologia defasada ou têm o acesso bloqueado por restrições de segurança rígidas (se você conhece alguém que trabalha em Wall Street, provavelmente já viu essa pessoa carregar dois smartphones — um fornecido pela empresa e outro pessoal). Para serem implementadas, as solicitações de compras ou melhorias de sistema precisam passar por uma série de permissões, aprovações orçamentárias e manobras políticas nos bastidores.

A maioria dos funcionários se dedica a fazer um bom trabalho. Para superar tais obstáculos e trabalhar de fato, às vezes precisam contornar o sistema — um fenômeno conhecido como *shadow IT*, ou o uso de sistemas de tecnologia não aprovados para desempenhar suas funções. Estima-se que isso aconteça em 75% das empresas. Embora não seja nenhuma surpresa que os administradores de sistema não gostem desse fenômeno, há motivos para acreditar que a maioria dos funcionários que usam essas táticas é, na verdade, mais produtiva no trabalho. Isso ocorre porque os sistemas fornecidos são simplesmente inadequados. Eles estão buscando a tecnologia para ter um desempenho de trabalho melhor, ou seja, seus funcionários querem tirar proveito da tecnologia para serem mais produtivos, mas as restrições corporativas não permitem isso.

Submeter os funcionários a sistemas mal projetados, lentos e sem resposta reduz sua produtividade e sua motivação. Assim como muitas empresas agora apoiam sua equipe a usar dispositivos pessoais para tarefas da empresa, também devem oferecer suporte a sistemas e tecnologias externas. Mas a necessidade de se modernizar vai além dos sistemas permitidos aos funcionários, trata-se também de autorizar que as pessoas trabalhem com a tecnologia de novas maneiras.

A Select Sires precisava contratar engenheiros de software para uma indústria historicamente definida por macacões e adubo. Sem sistemas modernos e a liberdade para utilizá-los, os líderes da empresa sabiam que nunca atrairiam, contratariam e manteriam desenvolvedores de software. O mesmo se aplica a qualquer empresa que esteja tentando contratar profissionais da área digital: bancos, empresas farmacêuticas, jornais e organizações de varejo. A analista Mary Meeker, em seu "Relatório de Tendências da Internet de 2015", observou que 41% dos millennials tendem a baixar aplicativos em seus telefones ou laptops para usar no trabalho, enquanto isso acontece com apenas 24% dos funcionários mais velhos.[17] Capacitar sua força de trabalho por meio da tecnologia é muito importante para garantir que você esteja atendendo às necessidades crescentes de seus consumidores.

Comparando Narvais e Orcas

Ao considerarmos as maneiras como todos nós, talvez a contragosto ou inconscientemente, estamos em negócios digitais, vale a pena analisar a história de duas equipes competindo por assuntos de alta complexidade, diante dos quais adotaram abordagens muito diferentes para problemas e oportunidades criados por software.

Não é sempre que o mundo real se apresenta como um esporte: duas equipes, duas abordagens, um vencedor. Mas em 2012, tivemos uma história assim: Mitt Romney contra Barack Obama concorrendo à presidência dos Estados Unidos.

Não estamos aqui para falar sobre política, ou esquerda *versus* direita. Na verdade, tratam-se de organizações que agem rapidamente e lidam com a força fundamental de nosso tempo — a tecnologia digital. Ilustra como a abordagem tradicional diante da tecnologia da informação foi derrotada — completamente — por uma nova abordagem integrada de sentir e responder.

As campanhas presidenciais de sucesso nos Estados Unidos são construídas com base na arrecadação de fundos, coordenação de equipes de campo e aumento da participação eleitoral. Atualmente, essas operações, e muitas outras, são executadas por sistemas de software — sistemas que as campanhas precisam criar. É um grande esforço tecnológico e acontece em condições adversas e imprevisíveis, e tudo precisa acontecer rápido.

A Campanha Romney: Projeto Orca

Superficialmente, o plano de Romney, um sistema de codinome Orca, parece com tudo aquilo que sonhamos quando imaginamos sistemas de computador poderosos. A campanha de Romney desenvolveu um sistema de informação eleitoral abrangente que rastrearia todos os eleitores em todo o país, permitiria aos voluntários atingir eleitores essenciais em seus distritos e entrar em contato diretamente com eles no dia da eleição, para garantir que todos os eleitores possíveis de Romney fossem às urnas.

"Seremos capazes de saber mais do que as pesquisas de opinião nos informam", disse a diretora de comunicação da campanha de Romney, Gail Gitcho, à PBS. "Às 17h, quando saírem as pesquisas, duvido que prestaremos atenção, porque teremos muito mais informações científicas."[18]

A campanha de Romney estava confiante de que seu esforço em tecnologia, executado por algumas das melhores empresas disponíveis, seria sua arma secreta. "A campanha de Obama gosta de se gabar de sua operação terrestre", disse Gitcho, "mas não é nada comparado a isso".

O próprio Romney, em um vídeo de campanha sobre seu programa de tecnologia, disse: "Com tecnologia de ponta... nossa campanha terá uma vantagem inédita no dia da eleição."[19]

O sistema foi chamado de Orca, porque as orcas são o único predador conhecido do narval — que por acaso era como a equipe de Obama chamava seu próprio sistema.

A Campanha de Obama: Projeto Narval

A campanha de Obama estava, obviamente, trabalhando há meses em seus próprios sistemas de software. Os membros da equipe simplesmente não falavam sobre isso, pelo menos não para a imprensa. Na verdade, fora da campanha, pouco se sabia sobre o assunto além de seu nome.

Mas embora não falassem com a imprensa, a equipe de tecnologia de Obama (uma equipe que trabalhava internamente para a campanha) estava *falando* com seus voluntários. Na verdade, nos meses que antecederam o dia da eleição, a campanha delegava uma série de tarefas aos voluntários — testando e aprimorando continuamente diversos serviços, tudo isso nos bastidores. A equipe não estava simplesmente construindo uma ferramenta de votação, mas também sistemas de arrecadação de fundos, de coordenação de voluntários e de análise de dados. Eles também criaram programas inteligentes de engajamento de eleitores. A campanha "Jantar com Barack", que foi alvo de piadas, na verdade, possibilitou uma sofisticada conversa bidirecional, que cativou eleitores, coletou endereços de e-mail e exemplificou o tipo de engajamento de sentir e responder moderno e contínuo que os programas digitais podem criar. Por outro lado, a campanha de Romney não lançou o Orca até pouco antes do dia das eleições.

Vitória nas Urnas

Como foi o resultado, afinal? O dia da eleição foi um desastre para o Orca de Romney. Os primeiros sinais de alerta foram vistos na noite anterior, quando os voluntários de Romney deram uma primeira olhada no sistema. Eles foram confundidos por instruções incompletas e difíceis de seguir; ficaram consternados porque muitas das operações foram projetadas para usuários de smartphones, quando muitos dos voluntários usavam aparelhos de celular comum. Em contraste, os sistemas de Obama tinham a vantagem de ser usados pelos voluntários há meses. Esses voluntários também ficaram confusos no início, mas a campanha usou os feedbacks iniciais para melhorar o sistema continuamente, de modo que, no dia da eleição, tudo estava funcionando perfeitamente.

No dia da eleição, o sistema Orca entrou em colapso com a demanda inicial e permaneceu inativo durante a maior parte do dia, praticamente o dia todo. Os membros da equipe digital de Romney, preocupados com a segurança, preferiram manter o sistema sob sigilo e operar com um *data center* construído por eles mesmos, localizado perto do Boston Garden, o centro de operações de Romney para aquele dia. Como resultado, os desenvolvedores do sistema não tiveram acesso aos sistemas do Garden até pouco antes do dia da eleição. Aqueles que operariam os sistemas na central não eram os próprios desenvolvedores, seria preciso repassar a responsabilidade, e as duas equipes que fariam o serviço teriam apenas uma chance de acertar. Não conseguiram engrenar o software a tempo, e o período de recuperação seria limitado, em caso de qualquer problema. Zac Moffatt, diretor digital de Romney, disse mais tarde: "O maior problema foi que testamos a versão beta em um ambiente diferente do Garden."[20] Em outras palavras, a equipe nunca testou o sistema em condições reais e nunca construiu o tipo de colaboração que poderia superar esse problema.

A equipe de Obama seguiu outra direção. A campanha construiu um tipo de equipe diferente, com forte integração entre os desenvolvedores e as equipes de operação. Eles não estavam trabalhando em empresas separadas; todos trabalhavam juntos desde o início do projeto. Juntos, os membros da equipe construíram e testaram um sistema robusto e resistente a falhas. Não usaram um único banco de dados; em vez disso, rodaram seu sistema no serviço de nuvem da Amazon e foram capazes de construir, testar e ajustar o sistema desde o início, até o dia da eleição.

Em suma, os sistemas de Obama derrotaram decisivamente os de Romney. Isso decidiu a eleição? Há controvérsias, mas a corrida foi acirrada, e alguns estimam que cerca de 30 mil voluntários de Romney em distritos fundamentais ficaram ociosos por causa da falha dos sistemas. Independentemente da falha decidir ou não a eleição, seria difícil argumentar que a equipe de Romney fez boas escolhas em termos de operações digitais.

Descobrindo o que a Equipe de Obama Entendeu

Mitt Romney é um estrategista experiente. Ele já era um veterano do mundo da consultoria de gestão nas décadas de 1970 e 1980 — ex-aluno do Boston Consulting Group e ex-sócio da Bain & Company — antes de entrar para a política. Ele sabe como gerenciar grandes empresas, mas em sua campanha de 2012, em termos de tecnologia, trabalhava com base em um manual defasado.

A equipe de Obama tinha motivos para pensar que tinham uma abordagem superior à de Romney: os próprios membros da equipe de Obama tentaram quatro anos antes chegar perto do que a equipe de Romney tentou em 2012, o que também não funcionou para eles. Portanto, aprendendo com suas falhas de tecnologia na campanha de 2008, a equipe de Obama escolheu uma abordagem completamente diferente. Em vez de fazer grandes planos, eles agiram em menor escala. Em vez de um lançamento explosivo, movimentaram pequenas peças de cada vez. Em vez de trabalhar em sigilo e isolados, trabalharam de forma colaborativa entre funções e departamentos.

Eles sabiam como fazer isso, em parte devido ao que a indústria de software em geral aprendeu nos últimos dez anos. A campanha de Obama reuniu uma excelente equipe de profissionais de tecnologia na sede de Chicago, muitos dos quais haviam deixado seus empregos no Vale do Silício para trabalhar no que era essencialmente uma nova startup, a campanha de Obama, chamada "Obama para a América". Essas pessoas, imersas na cultura do Vale do Silício, conseguiram trazer os métodos mais modernos para a campanha.

Compreendendo por que "o Software Está Dominando o Mundo"

Em 2011, o lendário empresário de tecnologia Marc Andreessen compartilhou sua convicção de que "os softwares estão devorando o mundo". Concordamos com essa questão, e isso foi o que resumimos aqui. É uma posição importante e amplamente citada.

Mas, por mais importante que seja, as implicações da observação de Andreessen só agora estão sendo sentidas amplamente em toda a indústria. As organizações que foram construídas com base em métodos industriais mais antigos devem agora enfrentar as forças disruptivas do software, e devem fazê-lo adotando um novo manual, que descrevemos aqui na Parte Um. Na Parte Dois, examinaremos os detalhes do *playbook* e exploraremos as implicações para os gestores em todas as partes da organização.

Conclusões de Sentir e Responder para Gestores

- ✓ Cada vez mais, todas as organizações terão que enfrentar o poder disruptivo da tecnologia digital.

- ✓ Os softwares estão mudando não apenas os produtos e serviços que você fornece, mas também a maneira como você opera seus negócios.

- ✓ O digital muda as expectativas do mercado em relação ao seu negócio, capacitando sua concorrência e possibilitando novos concorrentes.

- ✓ Para sobreviver e prosperar, sua empresa deve reconhecer que o antigo manual de gestão precisa ser substituído por um novo.

PARTE DOIS

O Guia para Gestores sobre Sentir e Responder

5

Planeje-se para Mudanças e Incertezas

Quando um trabalho é concluído? Para a maioria de nós, parece algo muito simples: significa que terminamos nossas tarefas. Aprendemos isso logo no começo de nossa vida escolar: termine sua lição de casa, faça suas tarefas, e depois de terminar, pode brincar com seus amigos, ler seus livros, assistir a um filme, e assim por diante. Levamos essa ideia para nossa vida profissional: termine esse relatório, faça suas rondas, vá para uma reunião. E quando acabar? É hora de ir embora!

Mas precisamos dar um passo para trás e considerar o que realmente significa "acabar". Isso significa que enviamos um produto ou lançamos um serviço? Significa que a empresa está lucrando? De modo peculiar, geralmente não. É comum ficar aquém disso. Às vezes significa: "Construímos o que você especificou no contrato." Ou pode significar: "Criamos um software, testamos seu funcionamento, e ele foi implantado em um servidor."

Normalmente, não significa: "Concluímos a criação de algo que sabemos que agrega valor ao negócio."

Essa é uma distinção importante, e precisamos ser claros sobre as diferenças. A maioria das equipes de negócios trabalha para criar um resultado definido. Mas criar um resultado não é o mesmo que ter sucesso. Só porque acabamos de fazer uma coisa, não significa que receberemos valor dela. Ao falarmos sobre sucesso, é preciso especificar o estado que buscamos. Chamaremos de "resultado" esse sucesso desejado.

Por exemplo, podemos pedir a um fornecedor que crie um site. Nosso objetivo pode ser vender mais de nossos produtos online. Ele criará o site, entregando dentro do prazo e do orçamento, e será até mesmo bonito e fácil de usar, e ainda assim pode não atingir nosso objetivo, que é vender mais de nossos produtos online. O site é o que foi produzido. O projeto pode estar "acabado", mas se o resultado — vender mais produtos — não foi alcançado, então não tivemos sucesso.

Isso pode parecer bastante óbvio, mas se observarmos como a maioria das empresas gerencia o desenvolvimento de produtos digitais, pode ser difícil de ver essas ideias em ação, porque a maioria das empresas gerencia projetos em termos de produção, e não de resultados. Ou seja, a maioria das empresas se contenta com "acabar", em vez de fazer o trabalho árduo de buscar o sucesso.

A Definição de Pronto É Ter Sucesso

As empresas realmente administram em busca do *acabado*, em vez do *sucesso*? E se sim, por que fariam isso?

A questão é que há algumas situações em que essas ideias são a mesma coisa, ou sua relação é tão clara e bem compreendida, que podem muito bem ser a mesma coisa. Esse geralmente é o caso na produção industrial. Pelo modo como os produtos industriais são projetados e montados, é possível saber que, quando sua linha de produção está produzindo o Modelo T, é razoavelmente provável que ele funcionará de acordo com o projeto. E devido a anos de histórico de vendas, pode-se ter uma razoável confiança em seu sucesso: venderá aproximadamente o número de carros previsto. Pode-se perdoar os gestores que trabalham nesse contexto por pensarem que seu trabalho consiste em simplesmente concluir a produção de algo.

Com o software, no entanto, a relação entre *acabar a construção de algo* e *esse algo surtir o efeito pretendido* é muito menos clara. Nosso site recém-reprojetado realmente encorajará o compartilhamento, por exemplo, ou o esse novo design terá consequências indesejadas? É muito difícil saber antes de criar e testar o sistema. E — em contraste com a produção industrial — não estamos fabricando muitas instâncias de um produto. Na verdade, criamos um único sistema — ou conjunto de sistemas interconectados que se comportam como um único sistema — e, muitas vezes, nos vemos na posição de não saber se o que estamos fazendo funcionará conforme planejado até que esteja "acabado".

No Ambiente de Incerteza, uma Definição Fixa de Escopo de Projeto Não Funciona

Esse problema de incerteza, combinado com a natureza do software, significa que o gerenciamento de nossos projetos em termos de produção simplesmente não é uma estratégia eficaz no mundo digital. E, ainda, nossa cultura de gestão e ferramentas de gestão são configuradas para funcionar em termos de produção. Por exemplo, vejamos como as empresas normalmente compram software de um fornecedor terceirizado.

Normalmente, pode-se contratar uma equipe interna para desenvolver um Pedido de Proposta (da sigla em inglês, RFP). Esse

RFP seria baseado em alguma análise do problema de negócios, especificando a natureza da solução e oferecendo uma lista de requisitos — normalmente funcionalidades do sistema — e solicitando que os fornecedores apresentassem propostas.

Com base no RFP, os fornecedores enviam propostas, normalmente especificando como será a construção da solução: o tempo que levará, quem trabalhará nela, seu custo e, claro, por que o fornecedor é especialmente adequado para esse trabalho.

Depois de selecionar um fornecedor, redigimos um contrato com base (1) nos requisitos desenvolvidos e (2) no preço e prazo prometidos pelo fornecedor. Após a assinatura do contrato, ambas as partes estão comprometidas com um projeto baseado na produção. O fornecedor deve construir um conjunto de funcionalidades — em outras palavras, acabar seu trabalho —, mas não se compromete a criar algo bem-sucedido.

Identificando o Problema com o Escopo de Projeto

Mas é óbvio que, se você comprou um software personalizado com um processo assim, sabe o que acontece a seguir. O fornecedor não entrega o prometido. Por quê? Um gerente de TI sênior explica da seguinte maneira: "O problema são os contratos a preço fixo", ele diz. "Ambas as partes estão se enganando, pensando que entendem o problema." Como produto, então, todos devem se ajustar quando a verdadeira natureza do problema ficar clara. O resultado disso? O fornecedor acaba atrasado ou acima do orçamento. Esse veterano de TI continua: "Sempre há um problema, no fim das contas, e em vez de resolvê-lo ou melhorar o produto, acaba-se lutando para descobrir quem pagará."

Usando o que Existe de Alternativa ao Escopo: Resultados

O velho clichê em marketing se mostra verdadeiro: os clientes não querem uma broca de 1/4"; eles querem fazer um buraco de 1/4". Em outras palavras, eles buscam o resultado final e não se importam realmente com os meios. O mesmo vale para os gestores: não interessa a eles como alcançarão seus objetivos de negócios, eles apenas querem alcançá-los.

No mundo dos produtos e serviços digitais, porém, a incerteza se torna um fator importante e quebra a ligação entre a broca de 1/4" e o buraco feito por ela. Alguns gestores buscam superar os problemas causados pela incerteza planejando cada vez mais detalhadamente. Esse é o impulso que leva a requisitos detalhados e documentos de especificação, mas, como entenderemos mais tarde, essa tática raramente funciona no mundo dos software.

O que acontece é que esse problema — como nossos planos são interrompidos pela incerteza e a falácia de responder com planos cada vez mais detalhados — já foi entendido pelos comandantes militares há centenas (se não milhares) de anos. Eles desenvolveram um sistema de liderança militar chamado *Comando de Missão*, uma alternativa aos sistemas rígidos de liderança que especificam em detalhes o que as tropas devem fazer em batalha. Em vez disso, o comando de missão é um sistema flexível que permite que os líderes estabeleçam metas e objetivos, deixando a tomada de decisões detalhadas para aqueles no campo de batalha. Em *The Art of Action*, Stephen Bungay traça o desenvolvimento dessas ideias nas forças armadas prussianas em 1800 e descreve o sistema que esses líderes desenvolveram para lidar com a incerteza do campo de batalha.[1]

O Comando de Missão se baseia em três princípios importantes que orientam como os líderes devem dirigir seu pessoal:

- Não dê mais comandos do que o necessário, nem planeje além das circunstâncias previsíveis.

- Comunique-se com cada unidade, independente da hierarquia, e o quanto for necessário para atingir seu propósito.
- Certifique-se de que todos tenham liberdade de decisão dentro dos limites.

Considerando nossos propósitos, significa que direcionaríamos nossas equipes especificando o resultado que buscamos (nossa intenção), permitindo que elas persigam esse resultado com grande — mas não ilimitada — discrição, e esperando que nossos planos precisem de ajustes à medida que os desenvolvemos.

Gerenciando Resultados

Vejamos um exemplo de como uma equipe com a qual trabalhamos colocou esses princípios em prática. Em 2014, a Taproot Foundation buscava criar um serviço digital que conectasse organizações sem fins lucrativos a profissionais qualificados que quisessem oferecer seus serviços como voluntários. Pense em um serviço de combinação como sites de namoro para voluntários. A Taproot Foundation precisou trabalhar com fornecedores externos, e a nossa empresa acabou sendo escolhida para o projeto.

Em nossas primeiras conversas, os líderes da Taproot descreveram o sistema que queriam construir em termos das funcionalidades: havia uma forma para que os voluntários se inscrevessem; uma maneira para os voluntários listarem suas habilidades; um modo para organizações sem fins lucrativos procurarem voluntários com base nessas habilidades; um sistema de contato para as organizações entrarem em contato com os voluntários; um sistema de agendamento em que as partes poderiam organizar reuniões, e assim por diante. Nossa preocupação era a tal lista de funcionalidades, que era longa, e embora cada item parecesse razoável, achávamos que poderíamos agregar mais valor com mais rapidez dispondo de um conjunto menor de funcionalidades.

Para fugir um pouco do assunto das funcionalidades, perguntamos: "O que um sistema bem-sucedido realizará? Se fosse preciso provar para nós mesmos que o sistema valeu o investimento, quais dados seriam usados?" Dessa conversa, surgiram algumas respostas claras e concretas. Primeiro, o sistema precisava estar instalado e funcionando em uma data específica, cerca de quatro meses depois. Todos os anos, a fundação participa de um evento celebrando o setor, e os executivos queriam poder apresentar um sucesso comprovado aos financiadores. Perguntamos: *"O que significa instalado e funcionando?"* Novamente, respostas concretas: eles precisavam de X participantes ativos no lado do voluntário e Y participantes ativos na organização. Como o objetivo do serviço era combinar voluntários com organizações para a realização de projetos juntos, precisaríamos de Z combinações, e certa porcentagem dessas combinações deveria gerar projetos bem-sucedidos e concluídos.

Essa foi a nossa métrica de sucesso: participantes X e Y; Z combinações; porcentagem de projetos concluídos (na verdade, definimos alvos numéricos específicos, mas aqui estamos usando variáveis).

Em seguida, perguntamos: "E se pudermos criar esse sistema e atingir essas metas sem construir nenhuma das funcionalidades em sua lista de desejos, tudo bem?" Foi uma conversa mais complexa.

Os executivos que assinaram o contrato ficaram compreensivelmente preocupados: qual seria a garantia de que terminaríamos o projeto?

Esse é o dilema que executivos e gerentes enfrentam: ao negociar com parceiros, gerentes devem proteger suas organizações, é preciso que haja uma linguagem contratual que garanta que os parceiros farão as entregas. O problema com os contratos, porém, é que, para fazê-los dar certo, os gerentes são obrigados a se contentar com a proteção da linguagem concreta das funcionalidades: você constrói a funcionalidade A, e nós pagamos o valor B. Mas essa certeza linguística é uma falsa esperança, ela garante apenas que seu fornecedor terá "concluído", como em "a funcionalidade foi concluída". Mas isso não garante que o conjunto de funcionalidades que você pode descrever em um contrato o tornará bem-sucedido. Por outro lado, os fornecedores estão compreensivelmente hesitantes em garantir um resultado, principalmente porque eles raramente controlam todas as variáveis que contribuem para o sucesso ou o fracasso do projeto. Então, ambos os lados se contentam com um compromisso que oferece a segurança do "pronto" enquanto, ao mesmo tempo, cria restrições que tendem a prever o fracasso em detrimento de criar a liberdade que gera o sucesso.

Nosso contrato com a Taproot, então, continha não só uma lista de funcionalidades desejadas, mas também os resultados desejados. Estes foram os resultados apresentados no contrato:

> O sistema conectará voluntários a organizações [na taxa a seguir]. Isso permitirá que essas partes se encontrem, concluam as comunicações necessárias para decidirem trabalhar em conjunto, concluam projetos juntos e relatem o sucesso de tais projetos. Isso será feito nas [taxas a seguir] e até [data seguinte]. Se, a qualquer momento, a equipe decidir em conjunto que os resultados desejados serão mais bem atendidos pela construção de um conjunto diferente de funcionalidades do que as listadas acima, poderão fazê-lo.

Essa linguagem é uma paráfrase — havia mais juridiquês —, mas essa era a essência do acordo. Esse compromisso — listar as funcionalidades que consideramos importantes, mas ter clareza quanto aos resultados e antecipadamente concordar que esses resultados são mais importantes — é a chave para gerenciar com foco em resultados, em vez de em produtos.

É importante reconhecer aqui que muitas organizações têm pouca flexibilidade em termos de processos de financiamento de projetos e regras de aquisição, então esse tipo de contrato pode estar fora do alcance de alguns gestores. Mas, como discutimos no Capítulo 3, as organizações com visão de futuro estão buscando mudar isso internamente.

Analisando os Resultados

Então, como se desenvolveu o projeto? Primeiro, a equipe decidiu que o marco mais importante era colocar o sistema em funcionamento. Em vez de esperar quatro meses — a duração do projeto — para lançar o sistema, os membros da equipe decidiram lançá-lo o mais rápido possível. No fim, ficou pronto para ser apresentado a uma audiência-piloto em cerca de um mês. Eles lançaram uma versão radicalmente simplificada do serviço, com poucas funcionalidades automatizadas. A maior parte do trabalho no sistema foi realizada por uma pessoa, um gerente de comunidade, atuando nos bastidores (essa é a mesma abordagem usada pela equipe da *Cooking Light Diet*, que descrevemos no Capítulo 2).

Essa abordagem *concierge* de Mínimo Produto Viável (MVP) se tornou uma forma popular de lançar sistemas. A equipe da Taproot sabia que era necessário mais automação para que o sistema aumentasse, mas também sabia que a automação poderia ser algo posterior. O lançamento antecipado atingiu dois objetivos. Primeiro, garantiu que a equipe teria algo para mostrar aos financiadores no evento anual. Essa era uma meta do marketing e vendas extremamente importante. Mas o lançamento antecipado atendeu a um objetivo ainda mais importante: permitiu que eles aprendessem quais funcionalidades seriam realmente necessárias para operar o sistema em escala. Em outras palavras, a equipe pôde estabelecer o ciclo de sentir e responder — a conversa bidirecional com o mercado que orientaria o crescimento do serviço.

Os planejadores do projeto imaginaram, por exemplo, que os voluntários qualificados deveriam ser capazes de criar perfis no serviço, assim as organizações navegariam nesses perfis para encontrar voluntários que lhes agradassem. Isso acabou se mostrando extremamente equivocado. Ao tentar fazer com que voluntários fizessem perfis, a resposta foi indiferença. A equipe percebeu que, para que o sistema funcionasse, era preciso que os voluntários estivessem motivados a participar; eles deveriam encontrar projetos pelos quais fossem apaixonados. Para tal, o sistema precisava de listagens de projetos, não de listas de voluntários. Em outras palavras, foi preciso reverter a mecânica do sistema, porque os planos iniciais estavam errados.

No segundo mês do projeto, a equipe construiu o sistema com a mecânica revisada e, então, direcionou o foco para ajustá-lo: identificar os detalhes dos processos de negócios necessários e criar softwares que lhes dessem suporte. Como a equipe tornaria mais fácil a listagem de seus projetos pelas organizações? Como os membros da equipe se certificariam de que as listagens seriam motivadoras para os voluntários? Como poderiam simplificar o sistema de contato? Eles poderiam simplificar o agendador de reuniões? Ao fim do projeto de quatro meses, o sistema da equipe funcionava havia três meses e ia muito além das metas de desempenho definidas no contrato.

Resolvendo o Problema da Concentração do Conhecimento

Projetos assim funcionam pois vão de acordo com os princípios do Comando de Missão. Fornecem às equipes uma estratégia e um conjunto de resultados que devem ser alcançados, junto com certas restrições, e então lhes dão a liberdade de usar seu conhecimento da situação em primeira mão para resolver esse problema. Nesse caso, a Taproot Foundation utilizou o poder da internet para aumentar o impacto da organização em dez vezes. As restrições estratégicas para o projeto também eram claras: os financiadores pagaram a equipe para criar um serviço de correspondência online, não importa o que a equipe fizesse. A expectativa era a de que produzisse um serviço de correspondência online, ainda que houvesse considerável liberdade para definir como tal serviço seria. Havia também uma rígida restrição no tratamento ao prazo da equipe: o sistema precisava estar operando em um prazo de quatro meses no futuro. Mas, novamente, a equipe teve uma liberdade considerável para decidir a definição de *operacional*.

Essa abordagem de liderança de projeto não é comum, mas é vista com mais frequência em equipes de startups e em organizações menores. Na verdade, o projeto Taproot foi entregue por uma única equipe pequena trabalhando com pouca necessidade de coordenação com os outros. Transportar essa abordagem para várias equipes e organizações maiores é um problema difícil e sutil que demanda um equilíbrio delicado entre o planejamento central e a autoridade descentralizada.

Na era moderna, vimos muitos exemplos de fracasso do "planejamento central", basta observar as falhas do bloco soviético e das economias comunistas chinesas do final do século XX para vermos exemplos do que os economistas chamam de *problema do conhecimento local*: a ideia de que os planejadores centrais não compreendem de forma suficiente a realidade tática em campo para traçar planos detalhados. Quanto de pão deve ir para esta cidade? Quanto de trigo deve ser alocado para esta fábrica? E se a colheita for ruim? E se houver um incêndio nas instalações de armazenamento? E se a preferência da região for por comer arroz?

O oposto do planejamento central é a autoridade descentralizada. No extremo desse espectro descentralizado estão sistemas como anarquia, holocracia e até, segundo alguns pontos de vista, o desenvolvimento Ágil de software.

O Ágil realmente dá muito valor à liberdade de decisão por parte de equipes pequenas e igualitárias. Em pequena escala, é similar a sistemas como a anarquia, com suas visões radicalmente inclusivas. Mas a anarquia e a holocracia falam sobre a escala de seus sistemas, os defensores da holocracia afirmam que é possível administrar grandes organizações sem hierarquias tradicionais. O Ágil, até recentemente, não considerava isso. Essa ideia — ignorada pelo Ágil, principalmente no que diz respeito aos problemas de escala da organização, concentrando-se em problemas de nível de equipe — foi bem capturada pelo consultor de tecnologia Dan North. Em uma palestra em uma conferência em 2013, North descreveu assim:

> O Ágil não pode ser dimensionado. Sim, foi isso mesmo que eu disse. Na verdade, tenho ouvido isso há mais de dez anos, e simplesmente me recusava a acreditar, mas é a verdade. Isso significa que não se pode entregar programas em grande escala usando métodos Ágil? De forma alguma.
>
> Mas para ampliar a escala é preciso algo mais, substancialmente diferente, sobre o qual o Manifesto Ágil e os métodos de dimensionamento de equipe do Ágil existentes sequer têm uma opinião.[2]

Gerenciando nos Níveis de Programa e Portfólio

Na história da Taproot, pudemos ver como uma única equipe pode cuidar de um projeto com métodos Ágil. Mas se a ideia for realmente criar *organizações* dentro da abordagem Ágil, precisamos considerar que isso se aplica não apenas no nível da equipe, mas também em dois níveis adicionais acima dela. O primeiro é o nível do *programa*: um grupo de duas ou mais equipes trabalhando em coordenação para atingir um objetivo comum. O segundo é o nível de *portfólio*: a coleção de todo o trabalho em uma organização.

Nos últimos anos, o Ágil deixou de ser um movimento "*cult*" para se tornar um modo dominante de trabalho — um relatório recente encomendado pela Hewlett-Packard (HP) estimou que mais de 90% das grandes organizações de TI usam principalmente abordagens Ágil, ou fazem uso significativo delas.[3] E conforme os métodos Ágil se tornaram comuns, as organizações em todo o mundo passaram a buscar soluções para dimensioná-los. Isso ocorre porque, como North indica, o Ágil é essencialmente um método de trabalho de "escala de equipe", e grandes organizações precisam de um sistema para coordenar o trabalho de muitas equipes.

Uma das abordagens mais populares para essa coordenação é algo chamado de *estrutura ágil escalonada*, ou, da sigla em inglês, SAFe. Conforme implícito na sigla, a SAFe* oferece aos gestores uma medida de conforto. Afinal, uma organização de grande proporção repleta de equipes autoguiadas é uma ideia que amedronta os gerentes, pois lembra muito um sistema anárquico.

SAFe é uma forma de decompor grandes projetos em partes menores, atribuindo-as às equipes e criando responsabilidade para garantir que tais equipes concluam o trabalho com o qual se comprometeram a concluir. O problema com essa abordagem é que trata essencialmente de um "plano mais detalhado" e ignora a influência da incerteza. Ela afasta as equipes da abordagem de sentir e responder para uma atitude que envolva planejamento central. Na verdade, reduz a equipe que emprega o método Ágil a uma equipe de produção, fornecendo um conjunto fixo de requisitos e esperando que uma saída específica apareça ao fim da linha de montagem. Essa abordagem pode ser apropriada para esforços com alto nível de certeza, mas limita a capacidade da equipe que usa a metodologia Ágil de aprender com o feedback em sua trajetória. E, novamente, é esse aprendizado com o feedback que permite que as equipes naveguem em contextos de alta incerteza.

---

* SAFe (scaled agile framework) — *safe* significa seguro em inglês. (N. da R.)

Em vez de tentar encaixar a metodologia Ágil em uma estrutura de comando e controle, percebemos que muitas organizações adotam abordagens de coordenação mais alinhadas com o Comando de Missão — que se afastam do planejamento com resultados e passam a gerenciar com base em resultados. Essas abordagens usam táticas diferentes para coordenar o esforço de grandes equipes, mas tendem a criar algo que chamamos de *road maps* baseados em resultados.

Usando *Road Maps* Baseados em Resultados

Road maps baseados em resultados assumem muitas formas. Veremos algumas na próxima seção, mas antes vamos considerar seus elementos-chave. Os *road maps* baseados em resultados funcionam porque ajudam a criar uma implementação de Comando de Missão de várias equipes. São um modo de articular, em cascata, os elementos-chave necessários no direcionamento do trabalho das equipes:

- A intenção estratégica ("queremos multiplicar o impacto da organização por 10").

- As restrições estratégicas ("isso será feito pela criação de um serviço de correspondência online que deve entrar em atividade na data X").

- A definição de sucesso ("o serviço fará a correspondência das partes na taxa de X").

Quando bem implementados, os *road maps* baseados em resultados ajudam as organizações a criar alinhamento, algo fundamental para que o Comando de Missão funcione.

A Comunicação Bottom-up Se Conecta com a Comunicação Top-down

Há um componente crítico do Comando de Missão que vai além *do que* simplesmente é comunicado: a maneira *como* você se comunica é tão importante quanto. Os pedidos devem ser informados para cima e para baixo na cadeia de comando. Em outras palavras, a comunicação e a conversa devem seguir ambas as direções, e esse *briefing* para cima e para baixo acontecendo é *contínuo*. É esse processo de comunicação que cria o alinhamento.

Durante a pesquisa para este livro, aprendemos sobre uma empresa que colocava esses métodos em prática como parte de seu processo de planejamento anual. Era uma startup de *e-commerce* com sede nos Estados Unidos, uma das mais bem-sucedidas praticantes de métodos Ágil em toda a organização. Não é uma empresa Ágil segundo as regras. Na verdade, ela incorpora muitos dos ideais e práticas que estão no cerne do Ágil. Entre outras coisas, foi uma das primeiras a adotar com sucesso o que agora é chamado de *implantação contínua* — a ideia de que o software não é lançado a cada poucos meses, ou mesmo a cada poucas semanas, mas, em vez disso, seu lançamento é contínuo (falamos sobre isso no Capítulo 1, é o processo pelo qual a Amazon consegue lançar software a cada 11,6 segundos). Ao longo dos anos, eles desenvolveram uma cultura em torno da experimentação, testes A/B e otimização.

Por meio dos métodos Ágil implementados, foi possível implementar uma abordagem experimental para o lançamento de um novo software. Digamos, por exemplo, que a intenção era redesenhar a página de um produto em seu site. Em vez de adivinhar qual página tem melhor desempenho, pode-se rapidamente projetar e construir algumas versões da página, liberá-las no site, direcionar um pequeno conjunto de usuários controlado cuidadosamente para cada versão e, então, avaliar qual página tem melhor desempenho.

Essa abordagem tem como base experimentos, porque é fácil de fazer e produz resultados poderosos, e rapidamente tornou-se um elemento central da cultura da empresa. É normal que as equipes trabalhem dessa maneira, testando continuamente e otimizando seu trabalho aos poucos. Mas ao conversarmos com um gerente, no passado, ele mostrou que isso se tornou um problema: "Estávamos nos concentrando em ganhos rápidos, não em desenvolver programas." O problema pareceu ser a escolha do que escolher testar e, de maneira mais geral, em que trabalhar. Quando a empresa era menor, era mais fácil alinhar o trabalho das equipes por meios informais, mas com o crescimento, mais coordenação se mostrou necessária.

Ao fim de 2015, a empresa tinha mais de quinhentos funcionários e gerava centenas de milhões de dólares em receitas anuais. O problema de coordenação estava se agravando. Os executivos sabiam que era preciso criar mais alinhamento e coordenar melhor suas atividades. Para tal, implementaram um esforço de planejamento de cima para baixo e de baixo para cima para criar um *road map* para o ano.

Construindo um Road Map *Baseado em Resultados*

A primeira parte do trabalho envolvia lideranças seniores, que elaboraram uma lista de temas estratégicos para o ano seguinte. Esses temas seriam a orientação de cima para baixo — as ideias de coordenação que serviriam como o leme do navio. Estratégia é sobre escolhas, é muito mais sobre o que você não faz do que sobre o que você escolhe fazer. Portanto, para esse ano, após um período de intenso foco em um segmento de clientes, os executivos optaram por se concentrar em um segmento diferente, que consideravam negligenciado anteriormente. A partir desse foco, os líderes criaram uma série de temas menores, incluindo o foco na experiência móvel (Stephen Bungay aponta que uma boa declaração de estratégia muitas vezes "parece banal" para quem está de fora. O valor vem do alinhamento que se cria por meio do processo contínuo de articulação da estratégia.)[4]

Com os temas estratégicos de cima para baixo preparados, foi pedido a todas as equipes de entrega que criassem uma lista de iniciativas nas quais gostariam de trabalhar no ano seguinte. Essa foi a parte de baixo para cima do processo. A lista foi criada pela linha de frente, os membros da equipe multifuncional que sabiam mais sobre o produto, os clientes e os usuários, com opiniões especializadas e informadas, profundamente enraizadas na situação local. As equipes também precisaram fornecer uma estimativa dos resultados de negócios específicos e mensuráveis que acreditavam que cada iniciativa criaria.

Então, os líderes de produto a nível de gerenciamento intermediário precisavam descobrir como coordenar o esforço — em outras palavras, como criar o *road map* para o ano. Os líderes das equipes de produto se reuniram para organizar a lista de desejos das iniciativas, agruparam as iniciativas dentre os temas a que cada projeto apoiava e, então, as classificaram em termos da contribuição que acreditavam que cada iniciativa teria, ou seja, associaram cada iniciativa ao resultado que imaginaram que o trabalho criaria e mostraram como eles apoiariam os objetivos estratégicos expressos pela liderança. Estimaram o número de funcionários de cada iniciativa e enviaram os resultados aos especialistas em finanças, que correlacionaram esses planos com algumas das principais métricas financeiras rastreadas e consideraram como o trabalho proposto poderia impactar os resultados. Depois disso, o plano foi retornado para revisão dos executivos.

A revisão executiva do plano proposto agora enfrentava o que podemos chamar de revisão editorial da equipe executiva. A avaliação? O plano estava fechado, mas não pronto. Quando os executivos revisaram o documento, perceberam que esqueceram uma importante funcionalidade que fora prometida ao mercado, então acrescentaram-na. Fizeram alguns ajustes e eliminaram algumas coisas da lista, e então o *road map* estava pronto.

Esse é um exemplo do que consideramos um *road map* baseado em resultados, ele vincula perfeitamente o trabalho que se está planejando aos resultados que se esperam do trabalho, e conecta os resultados desejados aos objetivos estratégicos almejados. Ele cria uma história coerente que conecta a liderança da organização às tropas em campo.

Como ouvimos de um gerente da empresa: "As melhores companhias têm um 'editor de produtos'. Elas têm uma história. Se pensarmos na Apple, eles têm uma história, uma narrativa. Com essa abordagem, temos uma história. E eu, como líder de produto, adoro isso, pois me dá direcionamento."

Avaliando o Impacto Cultural

Para essa jovem empresa, um processo de planejamento assim era novidade; substituiu um processo diferente dos dois últimos anos. Portanto, a mudança foi normal, mas não quer dizer que todos gostaram. A maioria dos gestores apreciava tanto a clareza quanto a flexibilidade para prosseguir com suas iniciativas. E outras equipes de produto gostavam de ter o espaço negativo claramente definido: "Não precisamos trabalhar *nessa* iniciativa, porque ela não está no *road map*." Mas é claro que também havia algumas mágoas, já que as pessoas não gostavam de propor iniciativas que não fossem usadas. Ainda assim, no geral, o processo parece ter sido um grande passo à frente em comparação com os esforços anteriores.

Vejamos alguns dos elementos que tornaram esse processo bem-sucedido e, ao mesmo tempo, como ele dá suporte à abordagem de sentir e responder incorporada por essa empresa.

- *A estratégia é expressa como intenção.* Em vez de traçar um plano detalhado, a liderança definiu a direção e pediu às pessoas próximas ao cliente que cuidassem dos detalhes.
- *A consciência situacional define as táticas.* Os membros da equipe têm um conhecimento profundo de quais são as condições do mundo real, o que gostariam de consertar e o que é realista. Assim, puderam selecionar as melhores táticas para cumprir a missão.
- *O compromisso é com os resultados, e não com as funcionalidades.* Ao vincular iniciativas a resultados, em vez das funcionalidades, os líderes deram aos membros da equipe a flexibilidade para cumprir suas missões e usar seu bom senso para alcançar os resultados desejados.
- *Uma mistura de planejamento de baixo para cima e de cima para baixo fornece equilíbrio.* Ao contrário dos anos anteriores, em que o planejamento de baixo para cima resultou em falta de coordenação — ou, como vemos em muitas organizações, o planejamento de cima para baixo cria uma falta de flexibilidade —, esse processo equilibra as ideias de forma a criar um balanço saudável.

Como o Site GOV.UK utilizou Road Maps *Baseados em Resultados*

A abordagem de baixo para cima combinada com a abordagem de cima para baixo também fez parte do esforço de mapeamento de estradas do GOV.UK., o site oficial do governo do Reino Unido. As equipes do site são parte de um esforço sem precedentes para reconstruir a presença online do governo. O trabalho que está sendo feito permite que estudemos de forma única os métodos digitais modernos devido ao compromisso inabalável do projeto com sua abertura.

Ao escrever sobre o processo de mapeamento de estradas, Neil Williams, líder de produto no Serviço Digital do Governo (GDS, sigla do inglês) do Reino Unido, disse: "Provavelmente, o desafio mais complexo do mapeamento de estradas em um produto grande e com múltiplas equipes é encontrar o equilíbrio certo entre as metas de negócios (de cima para baixo) e (de baixo para cima) prioridades da equipe."[5]

Para alinhar as equipes e atingir esse equilíbrio, o GDS usa o que se denominou de "declarações de missão". As declarações de missão fornecem "ampla direção e limites para um espaço que oferece um problema" de cada equipe. Essas informações trazem direcionamento estratégico e orientações sobre quais dificuldades as equipes devem observar, e, ao mesmo tempo, dão autonomia para as equipes encontrarem a melhor solução para o problema que lhes foi apresentado. As declarações de missão funcionam de forma semelhante aos objetivos e resultados estratégicos que já vimos a startup de *e-commerce* usando em seu processo de mapeamento. Ao se alinhar em torno das missões, o *road map* do GOV.UK se torna mais um tipo de *road map* baseado em resultados.

Também é preciso que o *road map* encontre um equilíbrio entre fazer promessas específicas e permitir flexibilidade tanto nos compromissos de tempo quanto nas funcionalidades a serem entregues. Em outras palavras, deve haver uma comunicação clara do que as equipes pretendem fazer e, ao mesmo tempo, permitir que os planos mudem e evoluam em resposta ao aprendizado.

A equipe, aqui, emprega uma combinação de tática, em primeiro lugar (os membros da equipe são cuidadosos com as promessas de tempo), e, em segundo lugar, tentam limitar os compromissos definidos a qualquer coisa, exceto em trabalho de curto prazo.[6] Eles dividem o futuro em três categorias. Durante o trabalho "atual", que se aproxima de um mês, assumem compromissos relativamente definidos quanto ao que entregarão. Então, temos o trabalho "planejado", que leva de um a três meses para começar, aquele trabalho que está sendo considerado, mas não foi confirmado. Por fim, há um intervalo de longo prazo denominado trabalho "priorizado", que é provisório.[7]

É preciso conseguir enxergar, nessa abordagem, um dos princípios centrais do Comando de Missão: não comandar mais do que o necessário ou planejar além das circunstâncias que se pode prever.

Sobre planejamento e alinhamento, o autor Donald Reinertsen, que estuda métodos *lean*, disse: "Os militares modernos não criam planos com o propósito de medir a conformidade; para eles, o planejamento é uma ferramenta para manter o alinhamento."[8] De fato, Williams nos disse que o objetivo do GOV.UK é criar "autonomia alinhada".

A importância do alinhamento é visível no compromisso do projeto do GOV.UK com acessibilidade e transparência. Todos os seus *road maps* estão disponíveis para equipes internas, partes interessadas e público. A equipe usa uma variedade de ferramentas para criar essa visibilidade: uma enorme parede em seus escritórios, um blog oficial e ativo disponível na open web e um *road map* online hospedado em uma ferramenta chamada Trello.[9] Toda essa visibilidade é uma tentativa de criar alinhamento entre as equipes, as partes interessadas e o público.

Planejamento com uma Perspectiva Centrada no Usuário

No Westpac, o mais antigo banco (na verdade, mais antiga empresa) da Austrália, a equipe de experiência do cliente tem aplicado algo chamado mapeamento da jornada do cliente para gerar alinhamento entre iniciativas e programas de várias equipes.

Um *road map de jornada do cliente* é um grande gráfico — no Westpac, geralmente são gráficos do tamanho de uma parede compostos de muitas folhas de papel — que mostra a jornada completa dos clientes enquanto interagem com uma empresa. Por exemplo, qual é o processo para conseguir um cartão de crédito? Ou para financiar uma casa? Um processo de negócios assim é complicado e demanda a contribuição de muitas equipes, atinge muitos sistemas bancários, desde aplicativos da web e de celulares até sistemas internos usados nas agências, nos *call centers* e no *back office*. Quem cria e usa tais sistemas precisa trabalhar com certo alinhamento se o objetivo é oferecer um bom serviço aos clientes. Um *road map* de jornada do usuário é uma peça que faz parte de um grande "*design wall*", que tem o objetivo de criar alinhamento entre todos os times de desenvolvimento.

Na verdade, a equipe de experiência do cliente cria dois *road maps* de jornada para cada processo e os combina na parede. O primeiro, que a equipe chama de *road map* do estado atual (em inglês, *As Is*), mostra o processo pelo qual o cliente navega, avança e tudo o mais atualmente. Na verdade, apontar pontos problemáticos, gargalos e ineficiências é o ponto principal do *road map* do processo atual.

Então a equipe trabalha com as partes interessadas para criar uma segunda versão — que seria uma *visão do futuro*, melhor para o banco e para os clientes, já que elimina os obstáculos que enfrentam atualmente, consequentemente agregando mais valor. Por exemplo, a equipe concluiu recentemente o trabalho em uma visão para melhorar o modo como os cartões de crédito são emitidos aos clientes: a versão do processo atual mostrou um processo que demanda cinco dias ou mais para ser concluído. Na visão do processo futuro, leva cinco *minutos*. O benefício para os clientes é óbvio, mas a vantagem para o banco também é importante. Um processo melhor renderá mais clientes e fará com que sejam ativos e usem o cartão de crédito mais cedo.

Evitando Road Maps Baseados em Funcionalidades

A equipe do Westpac percebeu que demoraria um pouco para acertar os *road maps* de visão. Foi preciso que a equipe criasse uma história atraente (gerando, assim, entusiasmo e alinhamento), mas evitando muitos detalhes. A ideia era não ficar preso muito cedo a funcionalidades que poderiam não dar certo. Em outras palavras, queriam preservar a liberdade de ação de cada equipe — a capacidade de controlar, ou pelo menos de participar, da criação da solução certa. Ian Muir, chefe de experiência do cliente, nos disse: "O segredo é encontrar o equilíbrio certo quando se está contando a história do futuro e não se tem todas as informações desejadas".

Com os dois *road maps* de jornada traçados na parede do projeto, era a hora da fase de planejamento. Neste ponto, é questão de colocar as próprias equipes de entrega na revisão do *road map*. Elas já fizeram parte do processo de criação, mas a próxima etapa seria descobrir como entregar a experiência que ajudaram a imaginar. É nessa etapa que a autodireção e a coordenação de várias equipes se encontram. Dan Smith, gerente de experiência do cliente, diz: "Eu digo a eles: 'Esta não é minha visão. O que você acha que deveríamos fazer para melhorar isso?'"

Nesse ponto, os gerentes de equipe costumam encontrar algo no *road map* que faça sentido para sua equipe trabalhar, e eles então assumem a responsabilidade por essa parte. Por exemplo, um grande obstáculo que se destacou nos *road maps* de aquisição de cartão de crédito era a necessidade de que os clientes fossem a uma agência bancária para comprovar sua identidade. Trabalhando no *road map*, o Westpac conseguiu criar uma prova de identidade pelo telefone celular que permitisse aos clientes evitar a ida à agência. Aparentemente, essa funcionalidade simples demandou muito trabalho de várias equipes e departamentos do banco.

Smith conta que não são necessariamente os *road maps* de jornada do cliente, as paredes de *design* ou qualquer artefato do *road map* único que cria valor por si só. Na verdade, esses artefatos servem como pano de fundo para a parte mais importante do processo: as reuniões colaborativas nas paredes de *design*. Fazendo reuniões e discussões nas paredes, ricas em pesquisas e em artefatos que a equipe produziu em conjunto, produz-se um valor muito maior para todos os membros da equipe do que a prática padrão de tomar decisões em uma sala de reunião após revisar uma apresentação, ou debater decisões em uma sequência de vinte e-mails durante dias. Dessa forma, as paredes de design atuam como o contexto em que as equipes podem trabalhar juntas para se alinhar em torno dos mesmos objetivos.

Lidando com o Débito de Experiência do Usuário

Ao criar *road maps* a partir de jornadas centrados no cliente, a Westpac emprega a experiência do cliente como uma dimensão-chave ao redor da qual deve se alinhar. Isso é um pouco diferente dos outros exemplos que compartilhamos neste capítulo. Tais equipes usaram princípios de organização que, obviamente, são mais baseados em resultados de negócios. Porém, há vantagens na organização em torno da experiência do cliente, especialmente se for direcionada ao objetivo estratégico. E é o que acontece na Westpac.

Pode ser difícil criar uma ótima experiência para o cliente em um contexto de Ágil. Uma das frustrações que identificamos em algumas organizações que trabalham com a abordagem Ágil é o que chamamos de dívida de experiência, ou dívida de design. Semelhante à *dívida técnica* (um termo de engenharia para o trabalho de manutenção que é útil, mas nunca priorizado e, portanto, aumenta com o tempo), a dívida de experiência vem de pequenos problemas de design que se acumulam com o tempo e reduzem a qualidade da experiência do usuário: uma instrução confusa aqui, uma janela pop-up extra ali.

A ideia é a de que os designers possam voltar e melhorar as coisas pela *iteração*: trabalhando na funcionalidade novamente. Mas os donos de projeto, cujo desempenho às vezes é medido por quantas funcionalidades lançam, podem se sentir pressionados a avançar para a próxima funcionalidade. Muir aponta que nenhuma das escolhas é inerentemente certa ou errada. "É uma questão de escolha", ele disse, adicionando que as jornadas de usuário ajudam a tornar essa escolha consciente. As equipes podem olhar para a jornada, ver o trabalho que ainda precisa ser feito, ver os problemas do cliente que precisam ser endereçados e fazer as escolhas se baseando na visão de futuro que a jornada traz.

Muir nos disse que os mapas de jornada do cliente ajudam a resolver o que ele chama de "lacuna de tradução". Essa é a lacuna entre o que os líderes desejam fazer pelos clientes e o que realmente fazem. A lacuna não é intencional, diz Muir. "Nunca conversei com ninguém na organização que dissesse: 'Quero dificultar muito para os clientes'." Em vez disso, a lacuna vem da falta de clareza e de valores compartilhados. Stephen Bungay chama esse fenômeno de "lacuna de alinhamento", que define como "a diferença entre o que queremos que as pessoas façam e o que elas realmente fazem".[10] Muir observa que ajuda quando a liderança fala sobre focar o cliente, porque as pessoas ouvem essa mensagem e podem usá-la para orientar suas ações.

Ou seja, o alinhamento começa com líderes que têm valores claros, mas isso dá muito trabalho e requer ferramentas de planejamento que podem reforçar os valores que os líderes buscam. É por isso que um bom *road map* deve criar uma ligação entre o trabalho que está sendo feito pela equipe, os resultados criados por esse trabalho e a forma como tais resultados ajudarão a organização a alcançar seus objetivos estratégicos.

Agregando mais Valor Colocando a Perspectiva das Pessoas no Centro da Questão

Parte do poder do mapa da jornada do cliente é que ele alinha o trabalho de várias equipes em torno de uma única visão. O fato de expressar a visão em termos do cliente ajuda, porque esse ponto de vista é transversal à organização, pois abrange funções, departamentos, canais, e assim por diante. Ele permite que a organização saia de si mesma e considere como as várias partes do sistema se encaixam.

Leisa Reichelt, chefe de design de serviço e pesquisa de usuário no Escritório de Transformação Digital do governo australiano, conta que, em seu trabalho no governo, é comum que esse tipo de planejamento centrado no usuário atravesse muitas partes do governo. "Quando você tem três níveis de governo [federal, estadual e local] e muitas agências, alguns programas facilmente abrangem vinte, trinta ou quarenta departamentos." O problema de coordenação resultante pode parecer opressor, mas o potencial para criar serviços valiosos torna esse ponto de vista importante. É a diferença, ela diz, entre "conceder um cartão de aposentado [desconto em assistência médica] quando uma pessoa fizer 65 anos, ou ajudar alguém na transição para uma nova fase da vida".

Planejando Seu Portfólio

O próximo nível acima do gerenciamento do programa é o gerenciamento de portfólio. É dever das grandes organizações encontrar modos de pensar sobre seus investimentos em todo o portfólio de produtos. Como a abordagem de sentir e responder se aplica neste contexto?

Vamos começar com uma observação pacífica: não há um método único para o sucesso do produto. Cada projeto e cada equipe são diferentes, e uma abordagem que funciona para um projeto provavelmente não é a ideal para o próximo. Dito isso, há alguns padrões que podemos usar para identificar quais projetos se beneficiam de quais abordagens, e usando esses padrões, é possível identificar a abordagem certa.

Gerenciando Incertezas e o Ciclo de Vida do Produto

Como já citado, a principal razão para adotar uma abordagem de sentir e responder é lidar com a incerteza. Quando pensamos sobre o portfólio de produtos, as incertezas tendem a ser divididas entre três categorias principais:

- *Relacionada ao cliente*. Existe uma necessidade? Nossa solução satisfaz a necessidade?
- *Relacionada à sustentabilidade*. O negócio é sustentável? O mercado é grande o suficiente? Podemos criar tecnologia, infraestrutura e operações que nos permitem entregar o serviço de forma lucrativa?
- *Relacionada ao crescimento*. Como expandir o negócio?

Além disso, essas categorias levam, mais ou menos diretamente, ao ciclo de vida de uma empresa. Algumas usam esse mapeamento explicitamente. Por exemplo, na Intuit, fabricante de software e serviços financeiros com sede no Vale do Silício, essas questões são colocadas pelas equipes no conhecido modelo de três horizontes da McKinsey & Company e usam-no para gerenciamento de portfólio.

O *modelo de três horizontes* é uma estrutura para gerenciar o crescimento. Formulado por Mehrdad Baghai, Stephen Coley e David White em *A Alquimia do Crescimento*, afirma que o crescimento deve ser entendido dentro de três horizontes de tempo: curto prazo, médio prazo e longo prazo.[11] O Horizonte 1 é a oportunidade de crescimento de curto prazo, é aqui que se encaixa seu negócio principal, e deve ser gerenciado com foco no crescimento e eficiência. No Horizonte 2 se encaixam os negócios emergentes, que devem ser estimulados. Alguns deles se tornarão seus negócios principais no futuro, em médio prazo. Finalmente, o Horizonte 3 é o futuro de longo prazo, é aqui que novas opções são identificadas, avaliadas e eliminadas ou promovidas. Os autores observam que, a qualquer momento, seu portfólio deve conter projetos em todos os três horizontes.

Na Intuit, as equipes mapeiam os três tipos de incertezas no modelo de três horizontes.

- Para o Horizonte 3, fazem perguntas relacionadas ao cliente. Há uma necessidade? Podemos criar uma solução que satisfaça a necessidade? As pessoas comprarão nossa solução. E o mais importante, as pessoas gostarão dela?

- Para o Horizonte 2, as ideias que saem do Horizonte 3 são avaliadas em termos de sua viabilidade de negócios: é possível lucrar o suficiente para que se torne um negócio de valor? Podemos torná-lo eficiente e repetível? Podemos encontrar evidências de que é possível aumentá-lo o suficiente para que nosso investimento valha a pena?

- Para o Horizonte 1, negócios que contam com apreço dos clientes e são viáveis, o foco está no crescimento e na eficiência. O que podemos fazer para tornar este negócio maior e mais lucrativo?

As empresas disciplinadas no que diz respeito ao gerenciamento do portfólio de produtos reconhecem o valor do equilíbrio do portfólio em termos de risco, adequação estratégica e estágio do ciclo de vida do produto. A Intuit equilibra seu investimento ao longo do ciclo de vida do produto alocando orçamento nos três horizontes, com 10% no Horizonte 3, 30% no Horizonte 2 e 60% no Horizonte 1.[12]

Definição de Metas Financeiras no Gerenciamento do Portfólio

Este ponto final da Intuit é fundamental para permitir um bom planejamento em todo o portfólio, porque aponta para a importância de gerenciamento de seu orçamento para alcançar objetivos diferentes e, por inferência, com parâmetros diferentes. Sobre esse processo, o ex-vice-presidente da Intuit, Hugh Molotsi, escreveu: "Um erro comum que as empresas cometem é medir o progresso de todas as suas ofertas por meio de métricas de negócios padrão — como receita, lucro e aquisição de clientes — independentemente do estágio em que essas ofertas se encontram. O planejamento por meio de horizontes nos ajuda a evitar esse erro, fornecendo orientação sobre quais devem ser nossas expectativas a partir das ofertas em cada estágio de seu ciclo de amadurecimento."[13]

A Intuit usa alvos diferentes para projetos em cada seção do portfólio. Os negócios principais atuais são medidos da maneira esperada, em termos de receita, lucratividade, crescimento e eficiência. Para o Horizonte 2, os negócios emergentes, a coisa muda de figura. Essas empresas estão tentando estabelecer uma posição segura, portanto, ganhar participação de mercado e demonstrar taxas de crescimento rápidas são mais importantes do que lucratividade. Por fim, para as ofertas do Horizonte 3, os resultados financeiros reais são colocados inteiramente de lado. Essas equipes precisam criar uma hipótese confiável sobre seu modelo de negócios, mas não precisam prová-la. Na verdade, elas devem provar o que a empresa chama de "apreço do cliente", ou seja, estão em busca de um problema e uma solução que o mercado deseja.

Usando o Modelo Sentir e Responder no Gerenciamento de Portfólio

Tudo isso é como um pano de fundo para esta questão: como entendemos a abordagem de sentir e responder no contexto do planejamento de portfólio? A chave é entender como aplicar o modelo sentir e responder a cada um dos diferentes tipos de incertezas. O trabalho de validação de estágio inicial, do Horizonte 3, que busca identificar o apreço do cliente, está trabalhando na maior escala de incerteza. É normal que quase todas as dimensões de uma empresa sejam incertas aqui: quem são os clientes? Quais problemas querem resolver? Que solução podemos criar? Como lucraremos? Esse é o território clássico das startups.

No Horizonte 2, o nível de resolução torna-se um passo mais preciso. Provavelmente, você encontrou uma empresa que funciona para um pequeno grupo de clientes. É nesse ponto que você tenta provar que pode ser um negócio lucrativo, portanto, seus experimentos visam firmemente acertar o modelo de negócios e caminhar em direção à lucratividade. Mas, quando nesse estágio de desenvolvimento, as empresas são as mais vulneráveis, pois saíram da proteção do grupo de pesquisa e desenvolvimento (P&D) ou do laboratório de inovação, em que muitas ideias do Horizonte 3 nascem e são incubadas. Como dito pelo teórico organizacional Geoffrey Moore, autor de *Atravessando o Abismo*, essas iniciativas são "juvenis".[14] Mas frequentemente seguem as mesmas métricas operacionais dos negócios principais que encontramos no Horizonte 1. Isso é um erro, argumenta Moore, pois tais empresas precisam se concentrar em encontrar o caminho certo antes de poderem gerar os lucros que esperam de seus negócios principais. Geralmente, as perguntas nessa seção são sobre como desbloquear o crescimento, e os experimentos devem se concentrar nas táticas que você julga como capazes para tal. Como podemos conseguir mais clientes para este negócio? O que está impedindo a absorção? Estamos atendendo aos casos de uso, ou precisamos adicionar algo, ou ajustar? Estamos servindo ao segmento de mercado certo? É preciso adicionar segmentos adjacentes?

Finalmente, no Horizonte 1, nossos negócios principais, ainda podemos usar táticas de sentir e responder, mas a resolução se torna ainda mais sutil: aumentar o engajamento, além de entregar e receber mais valor de cada cliente. Quais funcionalidades adicionaremos? Quais custos podem ser cortados sem afetar a qualidade?

Este é o ponto principal: quando você está descobrindo como atribuir trabalho às equipes e medindo seu desempenho, vale lembrar que não existe um único conjunto de medidas pelo qual o desempenho da equipe possa ser avaliado. Na verdade, líderes devem considerar em que ponto se encaixa uma iniciativa no ciclo de vida dos Horizontes e quais incertezas as equipes enfrentam. Só então os planejadores podem criar missões apropriadas para as equipes.

Conclusões de Sentir e Responder para Gestores

- ✓ Mudar o modo como se planeja e atribui trabalho é uma das partes mais importantes de uma abordagem "sentir e responder".
- ✓ Os líderes criam as condições nas quais as equipes que usam a abordagem sentir e responder operam. Elas podem tentar utilizar a abordagem Ágil o quanto quiserem, mas se sua direção não for construída corretamente — caso sua liberdade de ação não seja preservada, seus objetivos não forem definidos corretamente e suas restrições não forem claramente compreendidas —, então não há muito a ser feito.
- ✓ A incerteza muda como se planeja, os planos devem ser orientados para os resultados que as equipes estão tentando alcançar.
- ✓ Esse novo tipo de planejamento tem impacto no nível da equipe; no nível do programa, em que novos métodos de coordenação entre equipes devem ser empregados; e no nível do portfólio, em que é importante diferenciar os diferentes resultados que as equipes buscam ao longo do ciclo de vida do produto.
- ✓ Usar o princípio do Comando de Missão para dirigir equipes significa pedir a elas que atinjam um resultado, em vez de criar uma saída específica.
- ✓ Coordene a atividade de várias equipes (programas) por meio de *road maps* baseados em resultados.
- ✓ O alinhamento em torno da estratégia se torna mais importante do que nunca e deve ser criado por um processo de comunicação robusto que combina estratégia de cima para baixo, visão de baixo para cima e comunicação bidirecional.
- ✓ No planejamento de portfólio, podemos usar a ideia de resultados para criar metas que sejam apropriadas para diferentes estágios do ciclo de vida do produto.

6

Organize-se para a Colaboração

Uma equipe pequena e multifuncional é o centro da inovação digital. Essa equipe é o motor que dá impulso ao desenvolvimento de software moderno, sua menor unidade útil — a molécula. Enquanto a produção industrial é construída em torno de linhas de montagem, a produção digital é, cada vez mais, realizada em torno dessa pequena equipe.

Muito já foi escrito sobre como fazer essas equipes funcionarem, e, de fato, tais ideias foram amplamente adotadas no Vale do Silício e em outros lugares em que softwares são criados. Mas vale dedicar alguns momentos aqui, antes de prosseguirmos, para observarmos essa pequena equipe e considerar o que a motiva.

O Mito dos Heróis

Há duas histórias de heróis que competem no mundo do software. A primeira é a do hacker solitário. Geralmente, imaginamos esse hacker como um cara de vinte e poucos anos vestindo uma camiseta, com os olhos turvos mantidos abertos por bebidas cafeinadas, teclando em uma sala escura em algum lugar, a noite toda sofrendo com códigos e emergindo à luz do dia com uma nova criação fantástica. E mesmo que essas pessoas existam e algum desenvolvimento de software seja feito assim, aprendemos que o gênio hacker solitário é mais uma história do que um modelo a ser imitado e aspirado. A criatividade tem muitas formas e funciona em muitos estilos, mas gênios criativos solitários capturam nossa imaginação precisamente porque são raros e esquivos.

A outra história que ouvimos muito é a da startup que começou na garagem. Nessa história, um pequeno grupo de pessoas — dois, três, quatro, talvez cinco desajustados — se reúne para seguir uma ideia. Eles contribuem com diferentes habilidades — pense na visão e na habilidade de vendas de Steve Jobs combinadas com a genialidade de engenharia de Steve Wozniak — e formam uma unidade que é capaz de lançar a próxima empresa bilionária.

A segunda história é mais realista. É uma correspondência muito mais próxima do que sabemos do processo de como um bom software é feito. É feito em pequenas equipes, alinhadas em torno de um objetivo, trazendo diversas habilidades e descobrindo como se faz durante o processo. Na verdade, essa história não é bem uma história de engenharia — ainda que a habilidade de engenharia dessas equipes seja considerada um ponto básico. Na verdade, essa história fala de empreendedorismo. Ir atrás de um sonho. Cometer erros, aprender, corrigir e, finalmente, libertar-se.

O motor da produção digital se parece com a equipe empreendedora que começa em uma garagem. No centro dessa equipe, normalmente encontraremos um grupo equilibrado composto de todas as diversas funcionalidades necessárias para lançar um produto ou serviço digital e interpretar rapidamente o *insight* gerado pelas conversas bidirecionais resultantes. Os membros dessas equipes geralmente desempenham três funções principais: engenharia, gerenciamento de produto e design. Essas três funcionalidades formam um tripé. A engenharia está preocupada com o que é viável — aquilo que pode ser construído. O gerenciamento de produtos se preocupa com a viabilidade do negócio — como o negócio se sustentará. O design se preocupa com o desejo — como produzir algo que as pessoas desejam.[1]

Dependendo do contexto de negócios, há um equilíbrio diferente de funções, e muitas vezes, são funções adicionais. Por exemplo, um site de notícias ou negócio de conteúdo provavelmente incluirá editores e redatores na equipe. Um negócio de varejo pode incluir merchandisers. Uma empresa com grande complexidade pode agregar analistas de negócios ou outros especialistas. Mas essa equipe multifuncional é fundamental. Para que funcione, é preciso configurá-la do modo correto.

Transformando o Desenvolvimento de Produtos Digitais

Em 2012, o PayPal, empresa de pagamentos eletrônicos, anunciou David Marcus como seu novo presidente. Marcus, que ingressou na empresa em 2011, quando sua startup foi adquirida, decidiu transformar o PayPal em algo diferente da empresa lenta e burocrática que se tornara. Seu objetivo era modernizar a empresa e ajudá-la a resgatar o espírito empreendedor de outrora. Marcus reestruturou o modo como as pessoas eram designadas às equipes. Limitou o número de equipes cruzadas de escritórios e fusos horários. Reestruturou os espaços físicos de trabalho para que as equipes pudessem se reunir em espaços colaborativos. E mudou o modo como as equipes de produto trabalhavam — saindo de abordagens em "cascata" sequencial e estritamente especificada para uma abordagem mais Ágil.

Um dos primeiros projetos que o PayPal assumiu aplicando tal abordagem foi reinventar o produto Checkout. Na época, o Checkout gerava 75% da receita do PayPal, representando algo na faixa de US$3,5 bilhões de receita. Marcus selecionou uma pequena equipe, liderada por Bill Scott, um engenheiro de software sênior, recrutado da Netflix, e definiu como meta o lançamento do novo projeto da experiência em seis semanas.

Se isso parece agressivo para você, é porque é mesmo, especialmente considerando a situação no PayPal naquele momento. Em 2011, a criação de um aplicativo demorava em média 180 dias — 26 semanas. Aplicar alterações simples em uma página poderia levar umas 6 semanas. Alterar o texto no rodapé de uma página da web, uns 2 meses. A lentidão se dava por dois motivos. Primeiro, a plataforma de tecnologia da empresa se tornou fragmentada ao longo do tempo, então implementar mudanças simples muitas vezes exigia um trabalho árduo e repetitivo. Em segundo lugar, os processos humanos — projetar, aprovar, construir, testar e aprovar novamente — eram lentos e sequenciais. O trabalho passava de um departamento para outro em uma lentidão absurda.

O projeto da reinvenção do Checkout foi chamado de Hermes. O Projeto Hermes reuniu designers, profissionais de produtos e desenvolvedores. Eles começaram um ciclo semanal de design, construção, testes e aprendizagem. Para isso, ignoraram seus velhos processos sequenciais. Em vez disso, designers e desenvolvedores esboçaram juntos em um quadro branco e depois voltaram para suas mesas e construíram o que fora esboçado. Trabalharam juntos nos testes do que foi construído com os clientes, observando o que funcionava e o que não, e, então, revisavam seu trabalho com base no que aprenderam. Com as informações extraídas dessas conversas bidirecionais com seu público-alvo, eles criaram uma versão funcional do aplicativo em dias, e em semanas, uma na qual tinham confiança. E embora não fossem lançados em seis semanas — os sistemas não podiam ser alterados tão rapidamente quanto os processos humanos —, foi possível iniciar uma transformação significativa. Os membros da equipe foram pioneiros em auxiliar na descoberta de como mudar aquilo que facilitaria que o PayPal se tornasse mais empreendedor.

Se avançarmos aos dias de hoje, essa nova abordagem colaborativa pode ser vista em uso no PayPal. Os projetos são compostos por equipes multifuncionais. Essas equipes conseguem publicar novas versões dos sistemas em minutos, em vez de semanas. A empresa fez mudanças radicais para trabalhar assim — mudando não apenas a colaboração, mas também a pilha de tecnologia, os espaços de escritório, as atribuições da equipe e muito mais.[2]

Experimentando e Aprendendo por meio da Colaboração

Por que essa abordagem era tão importante para o PayPal e por que está se tornando rapidamente o modo padrão com que as empresas integram a tecnologia digital em suas operações? É porque esse tipo de colaboração permite que as equipes aprendam o caminho a seguir.

No modelo industrial, sequenciamos o fluxo de trabalho por meio de várias estações e especialistas. Um chassi de automóvel passa pela linha de montagem, por exemplo, e em cada estação, um especialista realiza uma série de operações no chassi. Na era digital, à medida que as organizações crescem, é possível ver, com frequência, essa abordagem replicada para o desenvolvimento de produtos digitais.

Em grandes agências digitais, por exemplo, é comum que a produção de sites para clientes passe por uma sequência previsível de tarefas funcionais. Os publicitários e os vendedores técnicos determinam e vendem o trabalho, definindo com antecedência exatamente o escopo do trabalho. No início do projeto, os estrategistas trabalham na configuração da estratégia do projeto e refinamento da abordagem. Geralmente, aí vêm os pesquisadores, trabalhando com clientes ou fazendo pesquisas documentais. Seus *insights* são colocados em um relatório para os clientes e também para a equipe de design da agência. Os pesquisadores e os estrategistas então passam para outros projetos, e os designers tomam conta. Eles pegam o livro de *insights* dos pesquisadores e prosseguem com o *wire framing* — o processo de criação do projeto do site —, e então o trabalho é passado para outro grupo de especialistas, que farão a conclusão do design gráfico. Depois de concluídos, os projetos são passados para a equipe de engenharia, que constrói o produto. Por fim, o trabalho é passado para o setor de QA (controle de qualidade, na sigla em inglês), cujos especialistas elaboram um plano de teste e avaliam o site em busca de bugs. Após essa etapa, o site é entregue a uma equipe operacional, cujos membros são responsáveis por publicá-lo em um servidor de produção e lançar o site. (As empresas de engenharia terceirizadas frequentemente usam alguma versão desse processo também, ainda que as fases iniciais se concentrem na definição de requisitos, e não na estratégia, e o trabalho de design seja mais provavelmente o design técnico e a criação de arquiteturas de sistema).

A parte econômica de grandes agências parece exigir essa abordagem. Em uma grande agência, a utilização da equipe é a métrica principal, portanto, elas são estruturadas para maximizar as horas faturáveis de cada "funcionalidade". Assim, durante uma fase de definição estratégica, os estrategistas trabalham em tempo integral, mas os demais especialistas ficam ociosos. É compreensível que o cliente não queira pagar por membros da equipe ociosos, então, a menos que a agência encontre um modo de fazer com que haja faturamento, ela precisa pagar às pessoas. Como resultado, geralmente essas pessoas são designadas a outros projetos até que sua fase de trabalho possa começar.

Tudo é bem razoável, mas também completamente errado. Vejamos o motivo.

Gerenciar Pensando em Valor Versus Utilização

O primeiro problema é que a abordagem original — concebida pelo cliente e pela equipe de vendas — provavelmente está parcialmente certa. Ou seja, também está parcialmente errada. Os projetos precisam de uma forma de corrigir essa situação, ou então os erros iniciais serão agravados. Se as decisões e as informações fluem apenas em uma direção — de cima para baixo —, nunca haverá a oportunidade de corrigir os erros durante o processo.

O segundo problema com esse tipo de fluxo de projeto é que o conhecimento que se cria em cada fase do trabalho se perde a cada ponto de transferência. O conhecimento não é como o chassi de um carro. Ele não sai intacto e completo de uma linha de montagem. Em vez disso, cresce e vive dentro de nossa cabeça. É confuso e nunca pode ser perfeitamente transmitido entre as pessoas. Não importa como registremos o aprendizado, parte do que aprendemos permanece em nossa cabeça, e parte do que documentamos é mal interpretado ou distorcido pelos preconceitos do transmissor ou do receptor.

Tudo resulta em um problema simples e avassalador: a alta probabilidade de construir a coisa errada. Portanto, a abordagem do projeto é eficiente, mas não eficaz. A utilização é alta, mas o produto não gera valor.

Criando uma Equipe Autossuficiente

A alternativa ao modelo industrial é a criação de equipes pequenas e autossuficientes dentro da abordagem sentir e responder. Essas equipes recebem autonomia operacional para agir independentemente na busca de uma missão atribuída — buscar e criar valor. Uma equipe autônoma tem um conjunto completo de capacidades de sentir e responder, além de poder criar e participar de conversas bidirecionais com o mercado.

As equipes capazes de sentir podem interagir com o mercado — interagir e observar os clientes, monitorar como estão usando o produto e criar sondagens, provocações e testes que levem a sentir as necessidades do mercado com maior clareza. Aquelas equipes capazes de responder são capazes de entender e interpretar os dados de detecção, tomar decisões com base nesses dados e, então, produzir uma resposta. Portanto, essas são as capacidades de uma equipe de sentir e responder: monitorar e observar clientes, criar experimentos, compreender e interpretar dados, decidir como responder e produzir uma resposta.

Essas funcionalidades não são novas, mas o modo como as organizamos dentro de uma organização sim. Em organizações industriais, tais funcionalidades geralmente funcionam de modo isolado e sequencialmente. Em uma organização que aplica a abordagem sentir e responder, não há tempo para esse fluxo de trabalho — e há uma desvantagem distinta que o isolamento desse estilo de fluxo de informações cria.

Tornando-se uma Equipe Autossuficiente: Aprendizado Contínuo

Vejamos a história de duas equipes diferentes em uma empresa, e identificaremos alguns dos fatores que podem ditar, ou não, o sucesso dessa abordagem.

Em 2006, uma equipe de uma corretora de Wall Street enfrentava um desafio: a empresa tinha sucesso em seu principal negócio de comércio eletrônico, mas os executivos sabiam que era preciso fornecer tipos adicionais de serviços de comércio eletrônico, de modo a diversificar sua oferta.

As equipes de estratégia e gestão de produtos estavam divididas quanto a como lançar o novo serviço. Todos os gestores concordaram que era preciso lançá-lo, e até concordaram quanto ao tipo de serviço de negociação necessário. A questão era como entregá-lo aos clientes. Em outras palavras, a estratégia de alto nível era clara e bem apoiada. Mas havia pouco alinhamento sobre o processo.

Na negociação eletrônica, os clientes usam uma variedade de ferramentas para enviar negociações para seus corretores. Eles podem ligar, enviar e-mail ou mensagens, por meio de aplicativos comerciais de terceiros ou fornecidos pela corretora. A equipe estava dividida sobre o método a escolher.

Aprendendo a seguir em frente: Decisões e Alinhamento

Havia três modos possíveis de fornecer o novo serviço aos clientes, e cada ideia tinha seus apoiadores.

1. Alguns membros da equipe de estratégia queriam construir um novo aplicativo "independente" para os clientes. Esse novo aplicativo incorporaria todos os serviços de negociação oferecidos pela empresa. Também permitiria que os clientes negociassem com corretores de outras empresas concorrentes. Geralmente, o desejo dos clientes é gerenciar todas as suas negociações a partir de um aplicativo, independentemente do corretor com o qual estão negociando, e quem defendia essa ideia argumentava que os clientes queriam essa funcionalidade. Desenvolver esse sistema seria um trabalho considerável.

2. Outros gestores argumentaram que a empresa deveria construir um aplicativo semelhante, mas que permitisse a negociação apenas com a empresa: um aplicativo de "corretor único". Eles acreditavam que não deveriam perder tempo ajudando os clientes a negociar com corretores da concorrência.

3. Finalmente, um terceiro grupo argumentou que nenhum aplicativo era necessário. Em vez disso, o grupo argumentou que a empresa deveria simplesmente disponibilizar o serviço por meio de aplicativos de negociação já existentes de terceiros.

As equipes de estratégia e gerenciamento de produto debateram por algum tempo. Eventualmente, os executivos decidiram pelo aplicativo de corretor único (opção 2). É importante observar que essa decisão foi tomada com base na força do argumento e na capacidade de persuasão de seus defensores, e não no feedback do mercado.

Assim que essa decisão foi tomada, o *briefing* foi passado à equipe de design: criar um aplicativo de corretor único que entregaria o negócio principal e o novo negócio em um só pacote.

O trabalho começou enviando a campo uma equipe de profissionais e pesquisadores de design, para observar clientes e entrevistá-los sobre suas necessidades. Rapidamente, descobriu-se um problema: os clientes queriam tudo em um só lugar, e provavelmente não aceitariam um novo e grande aplicativo com um corretor único.

Os pesquisadores voltaram para relatar suas descobertas, mas a liderança não estava disposta a rever a decisão. Foi um processo altamente político e emocional até a decisão, e nenhuma das partes estava disposta a gastar capital político para revisá-la. Em vez disso, as equipes de design foram orientadas a permanecer no curso. Mas as descobertas criaram dúvidas, o que causou problemas no alinhamento.

Usando Desenvolvimento Incremental Versus Iterativo

Em seguida, com a adição de uma equipe de desenvolvimento, o trabalho começou. Todos estavam preocupados com os ambiciosos desafios técnicos que o projeto enfrentava e conceberam uma abordagem "incremental" e dentro do conceito Ágil para construir o aplicativo. Essa abordagem envolvia quebrar a funcionalidade em pequenas partes e construir peça por peça. A estimativa era a de que levaria pouco mais de um ano antes que estivessem prontos para enviar aos clientes.

Qualquer observador que entrasse na equipe nesse momento entenderia a colaboração como algo notável. Os membros da equipe trabalhavam muito bem juntos. Desenvolvedores, designers, gerentes de produto e testadores de qualidade, todos se mudaram para uma "sala de guerra" bem equipada e prosseguiram com grande espírito de batalha. Os membros da equipe se consultavam sobre as decisões-chave, usavam muitos métodos Ágil modernos e se dedicavam a melhorar continuamente seus processos.

O problema era: a equipe nunca enviou o aplicativo aos clientes. Ela se dedicou a uma tarefa tão grande — construir um aplicativo enorme destinado a substituir as ofertas maduras dos concorrentes —, que não conseguiu atingir a linha de chegada. A abordagem iterativa ajudava na solução de problemas técnicos — a equipe fazia os componentes-chave funcionarem —, mas nunca foi capaz de criar uma solução que resolvesse a necessidade do usuário do início ao fim.

Com as sementes da dúvida plantadas pela pesquisa inicial começando a brotar, as partes interessadas ficaram cada vez mais preocupadas. Além disso, havia o custo do atraso: depois de dois anos, a equipe ainda não tinha entregado o serviço aos clientes. É compreensível que as partes interessadas tenham perdido a paciência, fazendo com que o projeto fosse encerrado. Na maior parte do tempo, havia pelo menos de cinco a quinze pessoas trabalhando no projeto. Todo aquele esforço, todas aquelas horas... desperdiçadas.

Lições de um Projeto Abandonado

No ano seguinte, parte dessa equipe foi alocada para um novo projeto e com a promessa de corrigir seus erros.

Nesse novo projeto, a equipe de design construiu um tipo diferente de fase de pesquisa. Depois de uma rodada inicial que revelou um aprendizado que questionava o plano estratégico, o pessoal de design levou a equipe de estratégia em uma viagem de uma semana em que fizeram, em conjunto, uma pesquisa de cliente. A ideia da equipe de design era evitar o problema enfrentado anteriormente, no "relato" de suas descobertas. Em vez disso, a ideia agora era a de que os "tomadores de decisão" vissem com seus próprios olhos o feedback.

Essa viagem foi um marco no novo projeto. Isso permitiu que a equipe de estratégia visse o que a equipe de design estava vendo. Na verdade, ao viverem isso juntas, ambas as equipes aprenderam mais do que aprenderiam se estivessem fazendo a pesquisa sozinhas. Além disso, a experiência criou uma relação de colaboração, e não de política, entre os membros da equipe. Essa colaboração perdurou por todo o projeto, e como consequência, criou uma equipe.

Quando retornaram da viagem, as equipes estavam determinadas a evitar outro erro do esforço do projeto anterior: a ideia era lançar o produto o mais rápido possível. Portanto, ainda que seu plano para construir o novo produto fosse ambicioso, havia a dúvida: "Qual é a menor coisa que podemos construir para lançarmos no mercado em três meses ou menos?" Eles também adicionaram alguns colaboradores extras para descobrir a resposta.

Esses colaboradores eram os vendedores e os comerciantes que trabalhariam no serviço e os membros da equipe de engenharia que construiriam o produto. Essa sala de guerra era bem diferente da anterior. Não era uma sala apenas de engenharia, ou até mesmo uma sala apenas para a equipe de produtos. Ali encontrávamos uma equipe de negócios autossuficiente. Essa equipe, trabalhando em uma série de sessões de design colaborativo, esboçou um serviço que seria prestado, pelo menos inicialmente, principalmente por meio de agentes humanos, apoiados por alguns poucos softwares. Com o tempo, conforme confirmavam que o serviço estava funcionando como imaginado, os membros da equipe planejaram a mudança da funcionalidade para o software, como forma de permitir a ampliação do serviço.

E funcionou. A equipe lançou o serviço em questão de meses, para reação positiva do mercado, e conseguiu ampliá-lo por meio de lançamentos de acompanhamento frequentes no ano seguinte.

Entendendo as Lições

Há duas conclusões importantes nessa história. A primeira é sobre desenvolvimento incremental x desenvolvimento iterativo. A segunda é sobre colaboração e alinhamento da equipe.

Incremental *versus* Iterativo

O desenvolvimento incremental começa com uma grande visão: pensamos no futuro, planejamos algo grande e definimos essa grande visão como meta. Então decompomos a visão em pequenos pedaços, construindo de modo incremental. É mais ou menos como construir uma casa com tijolos. Em termos de software, esse modo de trabalho oferece algumas vantagens. Trabalhando em pequenas unidades, é possível criar um software tecnicamente robusto; cada unidade pode ser testada e isolada, e assim podem-se construir sistemas estáveis e fáceis de manter e alterar ao longo do tempo.

O problema com o desenvolvimento incremental é que, se não sequenciarmos corretamente o que foi construído, nada ficará "pronto" do ponto de vista do cliente até o final; um cliente não pode entrar na casa até que o telhado e todas as janelas estejam instaladas. Isso significa que não começamos a entregar valor ao cliente até o final de um longo processo. Pior ainda, não iniciamos uma conversa bidirecional da qual tiramos feedback do cliente até o fim. O primeiro projeto da corretora usou essa abordagem e, como nunca gerou valor, era vulnerável.

O desenvolvimento iterativo é diferente. Como um software não é o mesmo que uma construção com tijolos, pode mudar de forma conforme você o constrói. Portanto, o plano pode ser criar um hotel de luxo no final, mas pode-se começar criando uma barraca e, em seguida, ir adicionando um piso, para torná-la uma barraca de luxo; então pode-se adicionar paredes e torná-la uma cabana, depois um telhado, e assim por diante. Portanto, estamos fornecendo valor para um cliente desde os estágios iniciais e entregando uma solução cada vez mais valiosa a cada iteração lançada no mercado. E a cada uma dessas iterações, estamos recebendo feedback de nossos clientes à medida que o sistema evolui. O segundo projeto da corretora usou essa abordagem e conseguiu entregar valor aos clientes desde o início, ajudando a garantir o sucesso do projeto.

Colaboração em Equipe

A colaboração da equipe é o que torna o desenvolvimento iterativo possível. As abordagens iterativas exigem uma atitude humilde em relação à visão apresentada. Ainda há uma visão — e ela é crítica —, mas deve-se estar disposto a admitir que não é certo que seu plano funcionará. Ao fazer isso, sua equipe pode ser posicionada para receber feedback e tomar decisões em resposta a tal função. Para que isso funcione, deve-se reconhecer que essas decisões não serão tomadas uma vez, mas continuamente, em resposta a cada iteração.

O primeiro passo para criar uma equipe que consiga responder ao aprendizado é criar um time autossuficiente e multifuncional. Nas equipes de software, isso quer dizer que os especialistas em design, engenharia e negócios estão trabalhando juntos em um circuito estreito de colaboração. É importante que essa equipe colaborativa não seja simplesmente uma coleção de especialistas técnicos; esse tipo de colaboração é importante, mas, como vimos na história anterior, não é suficiente. Se a equipe estiver realmente trabalhando na agregação de valor ao cliente e à empresa, os "tomadores de decisão" de negócios precisam fazer parte do ciclo colaborativo.

Essa inclusão tem um segundo impacto, ela cria um alinhamento entre a equipe que está fazendo o trabalho e as pessoas que estão decidindo o que deve ser feito, tanto dentro quanto fora dos limites da equipe. Como essa história nos conta, tomar uma decisão é bem diferente de criar um alinhamento em torno dessa decisão.

O Poder das Equipes Multidisciplinares

Não são apenas as equipes digitais que estão descobrindo o poder da organização multifuncional.

Em janeiro de 2013, Chip Blankenship, então CEO da GE Appliances, colocou uma pequena equipe multifuncional em uma sala e a desafiou a entregar um novo refrigerador de ponta de duas portas para produção em doze meses, ou cerca de um quarto do tempo normalmente dedicado a isso.[3] Como se não bastasse, ele queria um produto funcional em três meses. Blankenship abraçou o movimento da startup enxuta e queria ver se era possível aplicá-lo ao desenvolvimento de eletrodomésticos.

A única forma de agir tão rapidamente era a equipe reunir todos os envolvidos no processo e dedicá-los a essa tarefa.

À medida que os membros da equipe começaram a pensar em como cumpririam o prazo, identificaram as restrições em seu processo tradicional. Ficou claro que, para avançar em um ritmo mais rápido, seria preciso construir um fluxo contínuo de percepções de vendedores, designers, fornecedores de materiais e clientes. Pelo modelo tradicional, leva-se meses para trabalhar em conversas com todas essas partes interessadas e participantes. A equipe queria reduzir meses em dias, ou até mesmo horas. Os membros da equipe sabiam que seria preciso encurtar esses prazos se a intenção fosse cumpri-los. E não eram apenas as discussões que precisariam ser mais rápidas. A equipe queria gerar feedback rápido do mercado, portanto, seria necessária uma forma de envolver os clientes. Finalmente, a equipe sabia que também seria preciso responder rapidamente com atualizações de design à medida que se aprendia o que dava certo: todos os envolvidos no processo deveriam estar cientes do novo ritmo em que a equipe esperava se mover.

A equipe teve discussões iniciais com os fornecedores, que se empolgaram por fazer parte do processo: eles tiveram uma prévia do produto que seria entregue e a nova capacidade de planejar quais materiais precisariam produzir para dar suporte à fabricação em escala.

A equipe também incluiu um profissional de finanças: eles perceberam que os cálculos de caso de negócios tradicionais não funcionariam neste projeto. Normalmente, com prazos de projetos multi--anuais, o setor financeiro fica muito distante da equipe de produto. Não há muita diferença no dia a dia de uma perspectiva financeira em um projeto de eletrodomésticos típico. Mas esse projeto foi diferente. Era preciso ter um profissional de finanças que entendesse o que a equipe estava tentando fazer e pudesse ajudar na criação de um novo modelo para essa nova abordagem. Era necessário criar um caso de negócios flexível o suficiente para responder aos ajustes frequentes que eram feitos.

Finalmente, a liderança percebeu que a tomada de decisão de cima para baixo não funcionaria se a intenção da equipe fosse criar um ótimo produto em doze meses. Simplesmente não havia tempo suficiente para a execução de cada decisão na cadeia de acordo com o conjunto tradicional de aprovações e assinaturas. A equipe precisaria de mais autoridade para tomar decisões do que o normal. Ao incorporar a autonomia de tomada de decisão no time, a liderança permitiu que os funcionários se movessem com rapidez suficiente para fazer várias iterações ao longo do ano.

Os resultados finais falam por si. O produto está sendo vendido pelo dobro do preço normal, custa a metade e chegou ao mercado duas vezes mais rápido do que as geladeiras anteriores.

Ainda que a geladeira em si não seja um produto acionado por software, as técnicas e as atitudes empregadas para reunir a equipe, criar sua missão e capacitá-la para cumpri-la funcionam em qualquer domínio em que as equipes enfrentem incertezas.

Gerenciando Equipes com o Modelo Orbital

Nesse modelo de equipe central, citamos três áreas funcionais principais que devem colaborar entre si: design, tecnologia e negócios. Além disso, porém, as equipes muitas vezes têm outros contribuidores principais, frequentemente especialistas dedicados em negócios ou domínio. A Taproot Foundation, apresentada no Capítulo 5, opera um serviço online de correspondência de empregos que reúne empregadores e profissionais especializados para trabalhar em projetos. A equipe que gerencia o mercado online inclui gerentes de comunidade. Executar o serviço com sucesso exige contato profundo e contínuo com as comunidades que participam do serviço, portanto, simplesmente administrar um site com uma equipe e entregar o serviço com outra não faz sentido. Essas funcionalidades trabalham juntas diariamente.

Outras empresas podem ter a necessidade comercial de manter equipes separadas, mas trabalhando para criar relacionamentos de colaboração próximos entre elas. No jornalismo, por exemplo, o desejo de evitar que o conteúdo editorial fosse influenciado por interesses comerciais levou à criação de uma espécie de muralha da China que as empresas mantêm entre esses departamentos. Mas essas muralhas estão se tornando cada vez mais problemáticas. Na verdade, o *New York Times Innovation Report*, descrito no Capítulo 4, clamava explicitamente por uma melhor colaboração através desse muro. Os autores escreveram: "Há vários departamentos e unidades, muitos dos quais são considerados parte do lado comercial, explicitamente focados na experiência do leitor, incluindo Design, Tecnologia, Grupo de Insight do Consumidor, P&D e Produto. Essas funções representam uma oportunidade clara para uma melhor integração."[4]

Em empresas de mídia nativas digitais, estamos começando a ver essa muralha cair. As novas organizações de notícias em crescimento hoje fazem menos distinções entre editorial e produto. No BuzzFeed, por exemplo, um engenheiro descreve a colaboração desta forma: "Conseguir trabalhar em estreita colaboração com a nossa Equipe Editorial e o Departamento de Negócios é uma das partes mais gratificantes do meu trabalho. Crio tecnologia para pessoas que trabalham na mesma sala."[5] Na Vox Media, as regras de colaboração são incorporadas ao código de conduta da empresa:

> Os membros do time editorial e outros em toda a empresa são nossos colegas e colaboradores, não clientes. Mantemos linhas de comunicação abertas e promovemos boas relações de trabalho — na verdade, amizades — com nossos colegas.
> E muitas vezes trocamos de funções: os membros da equipe de produto escrevem para nossas equipes editoriais; escritores e editores atuam como gerentes de produto, designers e engenheiros; e as equipes de publicidade contribuem com os mesmos produtos que todos usamos. Essa colaboração é fundamental para o nosso sucesso.[6]

Muitas equipes precisam de especialistas para ter sucesso, ainda que não exijam o trabalho deles diariamente. Pode-se precisar que alguém da equipe jurídica de sua empresa esteja disponível para revisar o trabalho, mas provavelmente não é necessário que eles atuem diariamente. O mesmo pode acontecer com qualquer grupo de especialistas.

Para isso, estamos vendo equipes usarem o que chamamos de *modelo orbital* de pessoal. Nesse modelo, sua equipe principal é um planeta, e há uma variedade de especialistas orbitando o planeta como luas. Esse modelo funciona porque, como uma lua, cada especialista está em uma órbita conhecida. Eles conversam com a equipe uma ou duas vezes por semana — uma cadência combinada. É o ritmo dessa relação que faz funcionar. Ao contrário de outras atribuições de pessoal em tempo parcial, no modelo orbital, a chave para que a atribuição funcione é o ritmo conhecido e consistente da interação.

Há modelos econômicos sólidos que os especialistas em processos usam para determinar se um determinado especialista pertence a uma equipe central ou se deve contribuir com variadas equipes em regime de meio período. Um exemplo comum é a ideia de um corpo de bombeiros; toda empresa precisa de um esquadrão de combate a incêndios? Para a maioria das empresas, a resposta é não, faz mais sentido depender dos serviços municipais fornecidos centralmente. Em alguns negócios, no entanto — talvez aqueles em que a operação principal seja queimar coisas —, é preciso uma equipe de combate a incêndios no local.

Outro benefício do modelo orbital é a percepção das pessoas que estão em órbita. Em muitos casos, observamos que elas são vistas como obstáculos para a realização do trabalho: "Adoraríamos lançar isso mais rápido, porém a marca e a equipe de risco precisam revisar todo o trabalho." Ao incluir essas disciplinas não essenciais na conversa de forma regular, a organização garante que sejam percebidas como membros da equipe. As interações regulares quebram as percepções de que tais disciplinas "atrapalham". Esse ritmo suaviza os relacionamentos e reduz o atrito no lançamento dos produtos no mercado com mais rapidez.

Isso evidencia a importância do componente social de uma boa equipe. Qualquer um consegue ver quando uma equipe é boa. As pessoas gostam umas das outras. Contam piadas. Confiam umas nas outras. Elas sabem com quem falar sobre uma determinada preocupação e são proativas ao lidar com essas preocupações. O modelo orbital, que cria uma conexão permanente entre os membros centrais e não centrais do time, cria uma forma de relacionamento contínua e comprometida, ajudando a cultivar tais laços sociais.

Tornando a Colaboração Possível

Os gestores podem criar as condições para que a colaboração floresça fazendo algumas mudanças na forma como as equipes são compostas, gerenciadas e organizadas. Essas mudanças são simples em descrição, mas podem ser difíceis de implementar, pois demandam coordenação com outros departamentos. Na verdade, sem o apoio da liderança sênior, elas podem ser muito difíceis de alcançar, por mais simples que pareçam.

Temos aqui uma lista das principais mudanças que permitem que as equipes que usam a abordagem "sentir e responder" colaborem entre si de forma eficaz:

- Criação de equipes autônomas baseadas na missão.
- Uso de equipes multifuncionais.
- Construção de equipes dedicadas.
- Apoio a novos fluxos de trabalho.
- Cuidar do local de trabalho.
- Saber fazer o trabalho remoto.
- Saber quando e o que terceirizar.
- Realização de retrospectivas e uso de processos mínimos viáveis.

Pense nessa lista como um ponto de partida, e não uma receita. Cada organização que implementar essas ideias precisará fazê-lo de uma forma ligeiramente diferente. Pense nesses pontos como princípios, não regras intransigentes.

Criando Equipes Autônomas com Objetivos Baseados em Resultados

Anteriormente, cobrimos o conceito de produção *versus* resultados. A ideia é a de que não se deve pedir que as equipes criem uma saída específica, mas, em vez disso, deve-se pedir que atinjam um determinado resultado. Por exemplo: "Descubra como lançar nosso novo serviço de negociação." Para cumprir sua missão, então, as equipes precisam decidir o que fazer e ter as funcionalidades de que precisam para tal, a capacidade de lançá-las, além da permissão para aprender e começar de novo. Isso significa que a equipe deve ter funcionalidades que cubram o espectro dessas atividades. Também é preciso que haja autoridade para executar essas atividades sem esperar por aprovação. Precisa-se de liberdade de ação.

Com essas funcionalidades, é possível mover-se rapidamente e aprender o caminho a seguir.

Sem essas funcionalidades, no entanto, coisas ruins acontecem: quando as equipes esperam pela aprovação, tornam-se dependentes de tomadores de decisão externos. Diminuem a velocidade, não conseguem responder quando o momento é apropriado, limitam suas técnicas, sua capacidade de aprender e de agregar valor.

Assim, diante das incertezas, equipes autônomas e capazes de aprender são as que criarão valor para sua organização.

Criando Equipes Multidisciplinares

No início deste capítulo, descrevemos as capacidades de equipes autônomas: monitorar e observar clientes, criar experimentos, compreender e interpretar dados, decidir como responder e produzir uma resposta. Tais funcionalidades formam o núcleo das equipes multifuncionais que buscamos criar. Na prática, significa que devemos formar equipes a partir de grupos multifuncionais e garantir que as funções centrais da equipe — design, engenharia e gerenciamento de produto — sejam dedicadas a ela mesma.

Um obstáculo aqui é a falta de pessoal qualificado. Trabalhadores de tecnologia são escassos, e muitas vezes é difícil contratar e manter profissionais suficientes para realizar o trabalho. Para agravar esse problema, há um legado de setores de design com falta de pessoal nas organizações. Designers, antes considerados um luxo no mundo do software, agora são uma necessidade para a maioria das equipes. Mas as organizações estão sofrendo para ajustar seus níveis de profissionais. Em organizações mais antigas, frequentemente vemos proporções de um designer para cada cem funcionários de tecnologia. Como resultado, eles ficam espalhados e geralmente trabalham em departamentos de serviços centrais que funcionam como agências internas. Acreditamos que uma proporção mais eficaz seja a de um designer para cada dez engenheiros, e em algumas organizações, uma proporção ainda mais alta. Algumas equipes podem trabalhar bem sem designers, especialmente aquelas que trabalham apenas com programação de *backend* ou *middleware*, mas qualquer equipe com funcionalidade voltada para o cliente/usuário não deve abrir mão do design.

Outro obstáculo comum é a falta de coordenação entre os departamentos funcionais. Para muitas organizações, os departamentos funcionais alocam orçamentos sem consideração ou coordenação com os outros setores. Portanto, ainda que possa ser do interesse de uma equipe ser totalmente multifuncional, o departamento ao qual uma determinada pessoa se reporta pode não compartilhar desses interesses. Resolver esse problema significa que o planejamento interdepartamental durante o processo orçamentário é vital.

Criando Equipes 100% Dedicadas a um objetivo

Depois de conseguir equipes multifuncionais, é preciso garantir que elas sejam dedicadas a uma única missão por vez e que os funcionários dediquem-se à equipe.

Novamente, isso pode não ser tão simples quanto parece. Pode ser extremamente difícil. Com frequência, há mais trabalho a fazer do que equipe para cumprir a tarefa. Como resultado, as organizações tentam extrair mais trabalho de cada membro da equipe, atribuindo o funcionário a vários projetos. Em uma fábrica física, é óbvio o absurdo dessa forma de atribuição de trabalho. Não se pode ter uma pessoa trabalhando em duas estações de manufatura simultaneamente. Mas com o trabalho do conhecimento, o trabalho em si é tão abstrato, que pode mudar de forma quando as atribuições são consideradas.

O problema de designar equipes dentro de várias equipes ou projetos é que isso cria dependências entre os projetos, que, por consequência, reduzem o fluxo. Ainda que uma única equipe possa aglutinar tarefas e otimizar seu fluxo internamente, fica muito mais difícil para duas equipes fazerem o mesmo. Se um designer precisar produzir um projeto para a equipe A, seu trabalho para a equipe B ficará ocioso até que o primeiro seja concluído. E se duas pessoas na equipe A tiverem responsabilidades para com outras equipes — por exemplo, o designer deve trabalhar para a equipe A, e o desenvolvedor deve trabalhar para a equipe C — então o problema de agendas de repente multiplica em complexidade e rapidamente se torna incontrolável.

É muito melhor manter tudo simples e eficiente, dedicando os profissionais a uma única equipe, e essa equipe, a uma única missão.

Ajustando os Fluxos de Trabalho

Talvez a mudança mais importante que você precise fazer em termos de colaboração seja ajudar a própria equipe a reimaginar seu fluxo de trabalho. Esse tipo de colaboração normalmente exige que os profissionais mudem seu modo de trabalho individual. Os gerentes de produto podem estar acostumados a criar planos detalhados e casos de negócios, mas é preciso que mudem sua abordagem para uma que questiona e experimenta. Os designers podem ser bons em trabalhar cada pixel no Photoshop, mas precisam estar confortáveis para facilitar as sessões de design da equipe no quadro branco. Os desenvolvedores podem estar acostumados a trabalhar a partir de documentos de requisitos detalhados, mas devem se acostumar a partir de questões muito mais incompletas. E todos precisam se acostumar com a ideia de que a mudança e o retrabalho são partes valiosas do processo, e não custos a serem evitados.

De acordo com Bill Scott, do PayPal, refletindo sobre um motivo pelo qual suas equipes em seu antigo emprego, na Netflix, eram tão bem-sucedidas: "Percebi que, especialmente na camada de UI, estávamos jogando fora 90% do código que escrevíamos em um determinado ano."[7] A equipe aceitou a ideia de melhoria contínua: não significava que os membros da equipe estivessem escrevendo códigos ruins, mas era um pedido para que pensassem no código que estavam escrevendo simplesmente como uma ferramenta de aprendizado. Era parte do esforço contínuo da equipe para encontrar a solução certa.

Equipes em um Mesmo Espaço Físico

Com uma única equipe, dedicada a um único projeto, temos as condições para criar uma boa colaboração. Pelo menos a base sobre a qual podemos elaborar essa questão. A próxima etapa é fazer com que os membros da equipe trabalhem juntos.

A maneira mais fácil é reuni-los na mesma sala. Pessoas que se sentam juntas usarão, de forma mais natural, a conversa como uma ferramenta de comunicação. Talvez pareça muito simples dizer isso, mas em uma era de mensagens de texto, salas de bate-papo, e-mail e videoconferência, o poder da conversa cara a cara ainda é muito valioso.

Há alguns anos, tivemos a experiência de trabalhar com uma equipe que passou um ano junto em um projeto, trabalhando em um único espaço aberto. Eram pessoas de diferentes departamentos e especialidades que precisaram aprender a trabalhar juntas. Ao longo do ano, tornaram-se boas colaboradoras e também amigas. Mas conforme o projeto estava terminando, elas saíram de seu espaço compartilhado e voltaram para seus espaços departamentais, em lados opostos do edifício. Outra equipe do projeto precisava da sala, então a equipe concordou em se mudar. Ainda assim, havia algumas pontas soltas a amarrar, então os membros da equipe continuaram trabalhando, mas agora não estavam mais reunidos fisicamente.

No dia seguinte à mudança da equipe, uma simples pergunta de uma testadora de controle de qualidade da equipe explodiu em um conflito. A testadora perguntou a um colega como uma funcionalidade na qual estava trabalhando deveria funcionar. O colega não sabia e sugeriu chamar os designers do outro lado do prédio. Se os designers estivessem na sala, um deles teria ouvido a pergunta e respondido, e a equipe teria seguido em frente. Em vez disso, a testadora, talvez sem saber a qual designer perguntar, escreveu para o gerente de QA. O gerente de QA escreveu para o gerente de design. O gerente de design perguntou ao designer. O designer ficou irritado. Ele pensou que a testadora, passando por cima dele, estava questionando seu trabalho para seu gerente. O designer escreveu de modo pouco gentil para a testadora, que encaminhou para seu gerente, e, eventualmente, a equipe precisou convocar uma sessão de mediação em uma sala de conferências para lidar com a cadeia de e-mail. Não importa que a pergunta original fosse simples, até mesmo trivial. E também não importa se, apenas dois dias antes, a testadora teria simplesmente levantado os olhos e feito uma pergunta ao designer, e os dois teriam seguido em frente.

Isso não quer dizer que estar na mesma sala é a única forma de criar uma boa colaboração, ou que simplesmente colocar pessoas na mesma sala crie colaboração automaticamente. Mas é uma importante vantagem inicial.

Gerenciando Equipes Remotas

Talvez nenhum tópico nas equipes de tecnologia seja mais debatido do que o trabalho remoto. Há muito tempo, equipes e trabalho remoto fazem parte do mundo da tecnologia. Na verdade, o trabalho intelectual é adequado exclusivamente para a modalidade remota. Os computadores e a internet nos deram as ferramentas para trabalhar em qualquer lugar, e muitos trabalhadores valorizam essa liberdade.

No entanto, criar uma boa colaboração com funcionários remotos é mais difícil do que com funcionários colocalizados e requer um esforço muito mais consciente. Isso porque, muitas vezes, alguns membros da equipe estão remotos, e outros, colocalizados. Quando isso acontece, criam-se fluxos de informações desequilibrados que podem reduzir a eficácia dos funcionários remotos. Quando alguns trabalhadores batem aquele papo na cozinha, trocando informações casuais, relacionadas ou não ao projeto, é criado um canal de comunicação que o trabalhador remoto não pode acessar. E é aí que as coisas ficam desequilibradas.

Quando planejamos equipes com trabalhadores remotos, é importante prestar atenção especial a coisas que criam desequilíbrio na comunicação ou que a interrompem em tempo real. Geralmente, as equipes devem ser estruturadas no menor número possível de fusos horários, para que as pessoas estejam acordadas ao mesmo tempo. E para construir as relações sociais e a confiança que tornam a colaboração possível, as equipes devem planejar encontros presenciais regularmente de meses em meses, no mínimo.

Gerenciando Equipes Terceirizadas e Offshore

A partir do fim da década de 1980 e continuando pelas décadas de 1990 e 2000, é possível ver um aumento no uso de serviços de TI terceirizados e *offshore*. As empresas de terceirização ofereceram uma proposta aparentemente atraente: com serviços de TI e engenharia de software de baixo custo, as empresas poderiam evitar o gerenciamento dessas funções de negócios não estratégicas terceirizando-as para especialistas de alta qualidade e liberando as empresas clientes para se concentrarem em suas competências essenciais.

Como esperamos ter deixado bem claro a essa altura, o desenvolvimento de TI e software deve ser considerado agora função comercial estratégica e tornar-se competência central para todas as empresas de qualquer tamanho. Para projetos e programas em que a incerteza desempenha um fator significativo, as empresas estão cada vez mais se afastando da terceirização de TI. Recentemente, há uma tendência crescente de trazer serviços de TI para trato interno.[8]

A terceirização é frequentemente associada à prática de *offshoring*, transferir o trabalho para outras partes do mundo para conseguir eficiência na contratação, diversidade, custo e cronograma. O *offshoring* pode acontecer com fornecedores, mas também dentro das empresas. Muitas empresas localizam negócios, vendas e marketing na sede em uma grande cidade e criam centros de engenharia localizados a milhares de quilômetros de distância. Os desafios criados pela terceirização e pelo *offshoring* são semelhantes. Ambas as táticas criam equipes de trabalhadores separados dos clientes e das partes interessadas, que não conseguem aprender de forma autônoma, enfrentando obstáculos na construção de uma boa colaboração com seus colegas de negócios e que não podem, por si próprias, estabelecer uma conversa bidirecional com o mercado.

É claro que existem projetos de tecnologia adequados para terceirização. Nem todo projeto de tecnologia enfrenta o mesmo nível de incerteza. Aqueles com baixa incerteza (sobre o que construir e o que funcionará) são candidatos a equipes terceirizadas ou *offshore*. Esse trabalho pode ser visto, entre outras formas, com as chamadas abordagens Ágil de duas faixas.

No "*Ágil de duas faixas*", duas faixas de trabalho atuam em coordenação. A primeira é a faixa experimental. Essa equipe usa todas as técnicas de sentir e responder descritas neste livro para assumir as partes de alta incerteza do trabalho e descobrir qual solução é a melhor. A partir daí, a solução pode ser passada para uma segunda faixa — de produção —, e essa equipe implementa a solução de maneira robusta. Isso funciona melhor quando a transferência entre as equipes não é um documento, uma especificação ou um contrato, mas sim um protótipo funcional produzido na tecnologia de entrega final.

O Ágil de duas faixas tem a vantagem de permitir que uma equipe se mova rapidamente para descobrir as necessidades do mercado e outra equipe trabalhe em um ritmo mais moderado para lidar com segurança, internacionalização, escala e outras questões. Mas é complicado fazer isso bem. Há o risco de gerar alguns dos velhos problemas que enfrentamos com o trabalho da linha de montagem: as informações podem não retornar para a equipe de produto em tempo hábil e reduzir a taxa de mudança possível. Também há o isolamento da faixa de produção, custando-lhe a oportunidade de uma prévia (ou participar da definição) do que está por vir.

Portanto, é fundamental estabelecer alguns parâmetros se você estiver adotando o modelo *Ágil* de duas faixas. Ele deve permitir um feedback rápido dos sistemas de produção para a faixa de experimentação em que *todo* o sistema itere rapidamente em resposta ao feedback. Se os membros da faixa de produção acreditarem que sua responsabilidade é implementar funcionalidades apenas uma vez, o sistema não funcionará. Por fim, é necessária uma forma de criar transparência entre as duas faixas de trabalho para que alguma colaboração possa surgir até mesmo entre elas.

Realizando Retrospectivas

Uma das técnicas mais valiosas para melhorar o processo da equipe é a *reunião retrospectiva*, em que, periodicamente — geralmente a cada duas ou três semanas —, os membros da equipe se reúnem para discutir e melhorar seu processo de trabalho. Há muitas formas de conduzir essas reuniões, mas o objetivo é aplicar o bom senso e responder à mentalidade da própria equipe. O que está funcionando? O que não está? O que podemos mudar para melhorar as coisas?

Em outras palavras, os membros da equipe consideram seu processo, assim como seus esforços de produto, passível de melhoria contínua. Muitas vezes aconselhamos as equipes a começar com um processo mínimo viável e usar retrospectivas e feedback contínuo (de dentro e de fora da equipe), em conjunto com a experimentação do processo, para melhorar o modo como estão trabalhando e colaborando.

No início, essas reuniões retrospectivas podem ser dolorosas. Se as equipes não estiverem acostumadas com essas discussões, ou se já trabalharem juntas há muito tempo sem elas, a primeira discussão aberta sobre os problemas pode ser desconfortável. Mas da mesma forma que os produtos não melhoram sem feedback, seu processo deve ser examinado para melhorar.

Uma das famosas táticas do Sistema Toyota de Produção é a de que qualquer pessoa que observe um problema na produção tem o poder de parar a linha de produção. Essa abordagem evita a criação de defeitos e permite que a fábrica detecte e corrija problemas rapidamente. Da mesma forma, retrospectivas frequentes fazem a equipe focar a qualidade de seu processo de "fabricação" e permitem que inspecionem e se adaptem rapidamente para melhorar seu trabalho.

Conclusões de Sentir e Responder para Gestores

- ✓ Equipes pequenas, autossuficientes e multifuncionais são a principal unidade de trabalho da abordagem sentir e responder. Essas equipes têm a capacidade de monitorar e observar clientes, criar experimentos, compreender e interpretar dados, decidir como responder e produzir uma resposta.

- ✓ As funções centrais da equipe colaborativa tendem a incluir design, engenharia e gerenciamento de produto, mas frequentemente há outras funções, dependendo da organização.

- ✓ Para criar essa colaboração, considere o uso de equipes autônomas e com base em missões, equipes multifuncionais e equipes dedicadas.

- ✓ Dê suporte a novos fluxos de trabalho e crie equipes colocalizadas. Ao usar trabalhadores remotos ou terceirizados, tome cuidado com a avaliação de seu efeito no processo *Ágil*.

- ✓ A adoção de um processo mínimo viável e a realização de retrospectivas regulares ajudará os membros da equipe a colaborar de forma mais eficaz.

7

O Modo "Tudo Contínuo"

*Faça menos,
com mais frequência*

O AutoTrader UK é o maior site de anúncios classificados de veículos motorizados do Reino Unido. Fundado em 1977 na forma impressa, seu primeiro site foi lançado em 1996. Em 2013, a transição completa para o digital ocorreu quando, em junho, o negócio impresso foi encerrado definitivamente. O AutoTrader UK agora controla mais de 80% da participação de mercado no país, de acordo com a própria empresa.[1]

Antes da transição para um negócio exclusivamente digital, a equipe de produto lançava atualizações do site uma ou duas vezes ao ano. Quando o serviço digital se tornou o foco singular da equipe, esse ritmo foi dobrado, com lançamentos trimestrais. Como era de se esperar, cada vez que a equipe lançava novas funcionalidades de produto, os clientes respondiam com feedback, mas nem tudo era positivo.

O mais fácil seria que os gestores ficassem desencorajados pelos comentários negativos, ou descartá-los porque contradiziam sua visão de mundo. Em vez disso, abraçaram o feedback como uma chance de aprender. O pensamento era: "Se cada vez que lançarmos um novo software, aprendermos no que acertamos e no que erramos, então, quanto mais frequentemente lançarmos novas ideias, mais rápido poderemos aprender e ajustar." Então o questionamento surgiu: "Por que aprendemos apenas quatro vezes por ano? E por que não o fazemos quatro vezes por semana?"

Essa ideia — de que é possível aumentar a taxa de aprendizado de sua organização com a ampliação do fluxo de ideias por meio do processo de desenvolvimento de produto — é fundamental para o sucesso das abordagens de sentir e responder.

Aqueles que estudam processos são fascinados pela ideia de fluxo — como ele é criado, como se mantém e como se conseguem os benefícios econômicos de sua promoção. Para nossos propósitos, o principal *insight* é que o fluxo eficaz de trabalho por meio de sua organização e para o mercado, se feito de modo correto, criará muitos benefícios. A ideia da AutoTrader UK era aumentar o fluxo de aprendizagem por meio de um feedback mais rápido do mercado. Em outras palavras, construir e manter um diálogo contínuo bidirecional com seu mercado.

Há outro benefício nesses lançamentos mais frequentes: uma redução no *custo do atraso*: se uma funcionalidade agregará valor, então você receberá mais valor em retorno por colocá-la no mercado mais cedo. Por outro lado, quanto mais você espera para esse lançamento, menos valor pode capturar. Esse valor que você perde por não lançar a funcionalidade é o custo do atraso.

Portanto, há razões econômicas sólidas para otimizar sua organização a fim de entregar novas ideias ao mercado. Isso inclui ideias incorporadas em software (como uma nova funcionaldiade em um site), bem como ideias que não têm qualquer ligação com o software, como alterações de preços ou novas mensagens de marketing. Nas empresas modernas, muitas dessas ideias dependem de software para implementação, mas tudo isso, como veremos neste capítulo, vai muito além de simplesmente otimizar a equipe de software. É preciso enxergar além das fronteiras das equipes de tecnologia e considerar todo o sistema organizacional se a intenção for criar um fluxo eficiente.

Analisando o Fluxo Contínuo

Para começar, discutiremos algumas das práticas de tecnologia que as equipes modernas implementam para a criação da infraestrutura de fluxo. Então elaboraremos um pouco sobre esse conceito para entender como as equipes de negócios estão operando nesse novo ambiente de "tudo contínuo".

Avaliando o Movimento DevOps: A Base Técnica que Permite o Fluxo Contínuo

O movimento DevOps é uma das coisas mais empolgantes que surgiu no mundo da tecnologia na última década. DevOps — combinação das palavras *desenvolvimento* com *operações* — é um conjunto de ideias e processos que possibilitam que as equipes lancem software com frequência, confiabilidade e menos risco do que antes. DevOps é a camada de base técnica e infraestrutura do que temos discutido ao longo deste livro, então vale a pena dedicar alguns minutos aos conceitos básicos e o impacto que ele tem nas organizações.

Para a maioria de fora da indústria de tecnologia, "operações de software" soa como uma função invisível e obscura, mas as operações giram em torno de quem cria e mantém o ambiente operacional em que os produtos e serviços de software são executados. Essas pessoas configuram servidores, redes e bancos de dados, instalam e fazem a manutenção do software que mantém toda a infraestrutura funcionando bem e — o mais importante para esta discussão — implantam as novas versões do software que as equipes de desenvolvimento de produtos criam.

Como discutido anteriormente, nos primeiros dias do desenvolvimento de software, ele era criado e entregue em um processo sequencial que se assemelhava a uma linha de montagem. Um conjunto de pessoas especificou o software, outro projetou, outro construiu, outro testou, e, por fim, ele foi implantado pelo pessoal de operações. Mas à medida que os desenvolvedores no centro do processo mudaram para métodos Ágil e começaram a entregar versões cada vez frequentemente, os processos em torno do desenvolvimento de software foram pressionados.

Imagine que você é responsável pelos testes de garantia de qualidade. Está acostumado a receber uma grande quantidade de softwares mais ou menos a cada mês. Ou seja, você tem bastante tempo para testes antes que o próximo lote chegue. Agora imagine a pressão sofrida quando os desenvolvedores começam a fornecer softwares a cada duas semanas, ou todos os dias, ou até mesmo várias vezes ao dia. A única forma de acompanhar isso é pela mudança de processos, fluxos de trabalho e ferramentas, incorporando à colaboração anterior novas estratégias de teste e testes automatizados. Não se trata de mais trabalho ou fazê-lo mais rápido. A questão é o uso da automação, basicamente reestruturar o trabalho da função de controle de qualidade.

O mesmo aconteceu com os fluxos de trabalho das áreas de operações. Com a menor frequência dos lançamentos de software, as equipes conseguiam disfarçar seus lentos processos manuais. A implantação de um novo software podia ser agendada para uma sexta-feira à noite, evitando qualquer risco para os sistemas usados durante o horário comercial. Não importa se essas implantações de sexta à noite levassem todo o fim de semana; se terminassem na segunda-feira de manhã, seria rápido o suficiente.

Porém, com o aumento da frequência dos lançamentos, as operações de implantação não conseguem mais acompanhar o ritmo. As equipes de operações também começaram a automatizar seus processos, mudar seu fluxo de trabalho e aumentar a colaboração com os desenvolvedores. Essas novas abordagens é do que falamos quado discutimos DevOps, e elas possibilitaram mudanças fenomenais. Ainda que as empresas já estivessem animadas com o lançamento de um novo software algumas vezes por ano, é comum ver empresas que adotaram abordagens de DevOps lançando novos software várias vezes ao dia.

Entendendo que o Fluxo Contínuo Não É (só) um Problema Técnico

A equipe da AutoTrader UK sabia tudo de DevOps. A liderança da empresa incluía o CEO Trevor Mather, cuja função anterior era dirigir uma das principais empresas de consultoria de engenharia Ágil do mundo, portanto, junto de sua equipe de liderança, eles estavam bem familiarizados com o movimento DevOps.

O diretor de tecnologia da AutoTrader, Chris Kelly, disse: "[Nosso objetivo] é fornecer uma plataforma que incentive a entrega contínua de funcionalidades por equipes de produtos e fornecer as ferramentas e estruturas que permitam que as equipes meçam e monitorem seus aplicativos em produção."[2] Em outras palavras, a AutoTrader UK deseja capacitar suas equipes para colocar suas ideias nas mãos dos clientes o mais rápido possível e, então, monitorar o desempenho dessas funcionalidades para entender se foram bem-sucedidas.

A organização desenvolveu sua capacidade técnica para lançar software com mais frequência, porém, outros problemas tornaram-se aparentes. A empresa era, nas palavras do diretor de Operações, Nathan Coe, "digital por receita, não por natureza". De fato, por 36 anos a empresa atuou como editora impressa. Consequentemente, sua cultura era assim. As estruturas de equipe, incentivos e fluxos de trabalho do dia a dia estavam enraizadas em um negócio baseado em impressão. Os executivos perceberam, de acordo com Cole, que a empresa precisava "primeiro de uma mudança cultural. E, então, de uma mudança nos negócios e, por último, uma mudança tecnológica".

Gerenciando o Modo Tudo Contínuo

No Capítulo 6, falamos da importância de equipes pequenas, multifuncionais e autossuficientes. Mas em qualquer tamanho de organização, nenhuma equipe é verdadeiramente autossuficiente. As equipes contam com liderança na criação de suas missões, financiamento e estabelecimento de limites dentro dos quais podem operar. Para certos tipos de interação com o mercado, contam com marketing e vendas. Em suma, há muitos pontos de coordenação, e nem todos podem ser eliminados ao absorver essas funções para a própria equipe. Portanto, ainda que "autossuficiente" seja uma diretriz útil para equipes, raramente encontraremos equipes 100% autossuficientes, e ainda mais raramente isso fará sentido do ponto de vista econômico.

Na verdade, as organizações devem operar de forma coordenada. No passado, em manufaturas, muitas vezes o negócio deveria consistir em um processo previsível e repetível, e a coordenação era possível porque o negócio tinha ritmos e cronogramas previsíveis. O orçamento anual. O ano do modelo. O plano de vendas mensal. A revista semanal. O jornal diário. Tudo isso tornava plausível os modelos de gerenciamento de comando e controle. A organização central pode compreender e prever os ritmos operacionais do negócio. Nas organizações que aplicam sentir e responder, a coordenação é mais orgânica e, quando acontece, se dá por meio do alinhamento e do comando de missão. Ambos os assuntos foram discutidos no Capítulo 5.

Tudo isso se resume a uma ideia simples: à medida que passamos da fabricação de itens discretos para um mundo de produção contínua — conforme incorporado pelo DevOps, — é importante considerar nossos outros processos discretos e transicionar para iterações contínuas que podem corresponder ao ritmo de nossas novas formas de criação de produtos e serviços.

Controlando a Experiência do Usuário: Design e Aparência

Um medo comum que os gestores têm sobre a mudança para a produção contínua fala da experiência do cliente. Os gestores temem que as mudanças contínuas sejam perturbadoras ou até, em alguns casos, perigosas para os clientes que confiam em seus produtos. Como extrair os benefícios do fluxo sem criar uma experiência caótica e em constante mudança para os clientes?

Uma técnica popular que têm sido vista é chamada de *design system*, ou guia de estilo ao vivo. A maioria das grandes empresas tem um *book* de *brand standards* que define como tudo deve ser visto e sentido, desde as cores da empresa e padrões do logotipo até a forma como os móveis são dispostos nas lojas. Atualmente, esses padrões de marca são complementados por *design systems*, que ficam online e contêm as partes que designers e desenvolvedores podem usar para criar os elementos de produtos digitais voltados para o cliente. Tais sistemas são mais do que obras de referência; são, na verdade, bibliotecas de ativos. Em outras palavras, designers e desenvolvedores podem acessar esses sites e conseguir o código de que precisam para seus projetos. Quando bem feitos, os sistemas de design são muito populares entre as equipes de produto e os responsáveis pela experiência do cliente.

Empresas como GE e Westpac têm sistemas de design voltados ao público que permitem que as equipes de produto avancem rapidamente sem reescrever o código de *front-end*, e não é preciso lidar com pequenas conversas, como, por exemplo, sobre a cor dos botões. Esses sistemas de design são plataformas essencialmente criadas para remover as conversas e as tarefas repetitivas do trabalho diário das equipes de execução. Por meio dessas plataformas, as equipes podem usar elementos pré-aprovados: não é mais necessário tomar (ou debater) decisões secundárias sobre a aparência do produto. Isso permite que as equipes foquem nas necessidades inovadoras, exclusivas e desafiadoras do sistema e sigam em um ritmo que crie uma conversa que traga respostas do mercado. Um gerente nos disse que um *design system* "é o que nos permite avançar tão rapidamente. Nunca nos preocupamos em falar sobre coisas que já foram decididas".

Controlando a Experiência do Usuário: Funcionalidades e Experimentos

Além de garantir que o software lançado tenha uma boa aparência e reflita os padrões da organização, os gerentes precisam de um modo de controlar as funcionalidades entregues ao mercado. Afinal, só porque pode entregar software ao mercado várias vezes ao dia não significa que isso deva ser feito. Na verdade, os gerentes precisam lançar novas ideias de um modo que atenda aos seus objetivos e aos do cliente.

A maioria das organizações que implementam abordagens DevOps oferece aos gerentes um modo de controlar quais usuários finais veem quais novas funcionalidades e quando. Esse controle é fornecido por algo chamado *feature flags* ou *feature toggles*. Pense neles como interruptores que ligam e desligam funcionalidades. Eles permitem aos gerentes de produto ações como experimentar novas funcionalidades expondo-os a apenas um pequeno grupo seleto de usuários. Os *feature flags* tornam possível testar versões alternativas de uma funcionalidade pelo modo A/B e eliminar funcionalidades que causam confusão, e geralmente garantem que a decisão de implantar o software seja baseada em negócios, e não por motivação técnica.

A boa notícia é que essa capacidade confere aos gestores um novo e tremendo poder. As organizações ganham um controle muito mais granular sobre o que o cliente vê e quando. Assim, todo o ciclo de vida de uma funcionalidade pode ser colocado sob o controle da equipe que o desenvolveu. Por outro lado, às vezes há boas razões organizacionais para coordenar os lançamentos de funcionalidades. Por exemplo, muitas empresas de varejo online limitam as alterações em seus sites durante a temporada das festas de fim de ano. Essa é a principal janela de ganhos para o negócio de varejo, e deve-se ter cautela nesse ponto. Outras empresas podem ter clientes avessos à mudança; um comerciante que usa um serviço online para fazer a folha de pagamento todos os meses não deseja aprender novas funcionalidades todos os meses. E, é claro, algumas situações têm implicações de segurança, e os fornecedores de tais sistemas precisam manter os controles apropriados.

Ainda assim, muitos dos controles formais de gerenciamento de *releases* implementados em uma era tecnológica anterior estão desatualizados. O governo dos EUA, por exemplo, estabeleceu regulações em 2002 que orientam os procedimentos para o lançamento de novos softwares. Entre outras coisas, estipulam que todas as agências governamentais conduzam uma avaliação de impacto de privacidade (PIA, da sigla em inglês) para qualquer atualização de um sistema que colete informações de identificação pessoal. É bem-intencionado, mas quando uma PIA leva três semanas, causa problemas significativos para uma equipe Ágil que espera lançar softwares todos os dias. As equipes de software do governo norte--americano lidam com esse problema neste exato momento.

Não há uma solução geral aqui, exceto reconhecer o princípio de que a autoridade para lançamento deve ser reduzida o mais baixo possível — até ao nível da equipe, na maioria dos casos — e que limites claros de autoridade e ação devem ser estabelecidos para que as equipes saibam quando precisam coordenar com outros na tomada de decisões de lançamento.

Criando a Sandbox: Um Lugar Seguro para Atuar

Voltemos ao conceito do Comando de Missão por um momento. Boas ordens em um Comando de Missão comunicam aos subordinados uma tarefa a ser concluída em termos do resultado desejado, mas não especificam como os subordinados devem cumprir a missão. A escolha das táticas é, dentro de restrições determinadas, de forma considerável, deixada para aqueles que recebem a ordem. Esta última parte é importante. Aqueles inseridos em um sistema de Comando de Missão têm liberdade para agir, mas ela não é absoluta. A liberdade de ação existe dentro de restrições claramente definidas.

Podemos conectar essa ideia com a questão do trabalho organizacional com o conceito de uma *sandbox*: um lugar seguro com limites claros dentro do qual as equipes podem operar. Uma *sandbox* cria efeitos positivos para os líderes e também para os subordinados. Para os líderes, há um medo legítimo de que seu pessoal seja criativo de alguma forma que cause problemas e pelo qual um líder será responsabilizado. A criação de diretrizes claras dentro das quais as pessoas possam operar pode ser um alívio. Para os funcionários, o medo é cruzar um limite não declarado. Se os líderes deixar claros tais limites, a criatividade terá seu espaço.

Temos aqui um exemplo: em uma grande empresa com a qual conversamos, os gestores tinham liberdade para criar sites experimentais sem pedir permissão, mas não podiam mencionar o nome da empresa ou usar os elementos da marca em qualquer dessas páginas. Eles também não tinham permissão para coletar quaisquer dados de identificação pessoal sem ter antes uma revisão de seus planos com uma equipe de segurança.

Em outra empresa com a qual conversamos, voltada para o consumidor e com milhões de clientes, as equipes eram livres para contatar os clientes e oferecer serviços experimentais, desde que nenhum experimento alcançasse mais de cem clientes por vez. Aquelas equipes que desejassem alcançar mais clientes precisariam de aprovação para seus planos. Nessa organização, não havia proibição de coleta de dados de identificação pessoal, desde que conduzida dentro das diretrizes da empresa. Havia uma restrição à cobrança de pagamentos.

Como acontece com muitas coisas no mundo da metodologia sentir e responder, os limites que uma *sandbox* articula podem ser difíceis de prever. É comum que as equipes tropecem em uma proibição e então precisem descobrir como lidar com ela. Por exemplo, ao solicitar acesso à lista de mala direta de uma empresa, uma equipe pode precisar explicar detalhadamente seus planos. Esse momento de análise é o momento para começar a construir a *sandbox*. As equipes precisam explicar sua motivação — por exemplo, "Queremos testar essa ideia" — e trabalhar com as partes interessadas internas para estabelecer uma diretriz dentro da qual todos possam trabalhar. Em geral, as partes interessadas devem ser engajadas desde o início para estabelecer regras permanentes pelas quais operar, em vez de se engajarem de maneira pontual cada vez que a questão for levantada. Quando as equipes adotam essa abordagem, estabelecendo de forma proativa novas regras operacionais que formam uma área restrita, pode ajudar muito a deixar todos os envolvidos mais confortáveis com o novo ritmo de operações, experimentação e mudança disponível para as equipes.

Por fim, é importante notar que *sandboxes* e restrições explícitas não são necessariamente a única forma de conceder às equipes liberdade operacional. Falaremos sobre tal cultura com mais detalhes no Capítulo 8, mas por enquanto, observe que, com o tempo, muitas organizações descobrem que, ao passo que adotam essa abordagem, aprendem a confiar que as pessoas farão a coisa certa. Na verdade, a AutoTrader UK agora se aproxima de 2.500 lançamentos anuais de software, e Nathan Coe, o diretor de Operações, observa as transformações no modo como eles operam, inclusive uma mudança de um processo formal que leve a mais autonomia e capacitação de sua equipe, e uma mudança em direção a uma maior propriedade do produto no senso comum.

Gerenciando além do Orçamento: Até Mesmo o Planejamento É Contínuo

Neste mundo de mudanças rápidas e contínuas, certas coisas seguem ritmos mais lentos. Talvez em nenhum lugar isso seja mais verdadeiro do que em nossos processos financeiros, dominados pelo processo orçamentário anual. Caso já tenha trabalhando como gerente em uma organização de qualquer tamanho, sem dúvida participou do processo orçamentário, um processo que leva tanto tempo e consome tanta energia e atenção, que muitas vezes nos referimos ao período entre outubro e dezembro como *estação de orçamento*. Como é terrível que um processo que agrega tão pouco valor demande toda uma estação para ser concluído! Pior ainda, ao chamá-lo de "estação", parecemos admitir a inevitabilidade de sua natureza. "Claro que está nevando agora", dizemos dando de ombros, "é inverno".

Por que as organizações reconsiderariam o processo de orçamento? Se é possível aprender continuamente, por que limitar seu poder de resposta fazendo planos anuais que resistem à mudança?

Todos conhecemos o problema de orçamentos do tipo "use ou perca". Em uma situação dessa, criamos um plano para um projeto, conseguimos financiamento, ele foi incluído no orçamento do ano seguinte e, então, embarcamos na execução. Em um mundo de sentir e responder, podemos descobrir que nosso plano tinha como base algumas suposições seriamente erradas. E o que fazemos? O certo pode ser abandonar totalmente o esforço, mas e o que acontece com o dinheiro? *É usar ou perder*. Depois de passar uma estação inteira batalhando pelo financiamento, os gerentes não aceitam a ideia de desistir.

De fato, o Beyond Budgeting Institute, um grupo de trabalho internacional dedicado a mudar os modelos de gestão corporativa, argumenta que o ciclo orçamentário anual é profundamente falho. O principal problema? "O orçamento evita uma resposta rápida. [As empresas] precisam responder rapidamente a eventos imprevisíveis, mas o processo de orçamento anual nunca foi projetado para essa finalidade."[3]

Sonja Kresojevic, vice-presidente sênior de ciclo de vida de produto global da Pearson, editora internacional do ramo educacional, nos disse: "É preciso tornar-se uma organização responsiva." Ela continua: "Há vinte anos, a Pearson era uma editora impressa. Éramos um negócio muito previsível. Agora, conforme mudamos para o digital, o sucesso e o fracasso são mais voláteis, e precisamos adaptar nosso processo para responder a essa mudança."[4]

Para tornar-se mais responsiva, a Pearson busca adicionar flexibilidade à maneira como aloca o orçamento, trocando para um modelo mais dinâmico por natureza. No novo processo, a Pearson aloca dinheiro para projetos ao longo do ano, um processo regido pelo que chamam de *conselhos de produto*. Os conselhos se reúnem trimestralmente para tomar decisões de investimento, e mensalmente para monitorar os projetos financiados.

Os conselhos de produto são distribuídos e operam dentro de cada unidade de negócios. São formados pela liderança dessas unidades de negócios, geralmente líderes em nível de diretoria e vice-presidência. Cada conselho é multifuncional e inclui líderes de tecnologia, gestão de produtos, finanças, estratégia, eficácia (responsáveis pelos resultados de aprendizagem) e outras funções-chave. Vale notar que os conselhos não incluem executivos seniores, porque provavelmente estão muito distantes das operações do dia a dia para conseguirem tomar decisões informadas. Em vez disso, executivos seniores definem a estratégia e as metas gerais a serem cumpridas pelos conselhos.

Os conselhos tomam decisões de financiamento em torno do que a Pearson chama de *ciclo de vida global do produto*, uma estrutura que eles vêm implementando desde 2013 para fornecer um cenário consistente, repetível e escalonável para a tomada de decisões de investimento em produtos. Esse modelo não é diferente do modelo de três horizontes usado pela Intuit (descrito no Capítulo 5). Na Pearson, o ciclo de vida tem seis fases, em vez de três, mas os conceitos fundamentais são semelhantes. As ideias iniciais são financiadas por pequenos investimentos, e espera-se que o retorno seja em aprendizado, e não em resultados financeiros. Em outras palavras, as equipes devem validar suas ideias de negócios, e não gerar lucros. Assim que uma ideia for validada, o conselho do produto fará investimentos adicionais, e só então esperará retornos mais tradicionais.

Os conselhos de produto permitem que a Pearson aloque dinheiro para ideias de forma rápida e contínua ao longo do ano. Assim, eles conseguem investidores quando surge a oportunidade e evitam o comprometimento com grandes projetos que não provaram seu mérito — e limitam o risco de excesso de financiamento de ideias não comprovadas.

"Não podemos prever o futuro", disse Kresojevic. "Se sua única capacidade de resposta for cortar gastos em outubro, então seu negócio não é responsivo. Você não está respondendo às opções que podem gerar crescimento, ou às que têm uma nova oportunidade surgindo."

As empresas relutam em mexer nos processos de governança financeira — e com razão. A administração financeira cuidadosa é fundamental para o sucesso. Porém, o processo que a Pearson está implementando aqui mostra as possibilidades quando uma empresa, mesmo que tenha mais de 100 anos (a Pearson foi fundada em 1844), enfrenta o futuro e se compromete a mudar. É possível pegar uma das partes mais conservadoras e apropriadamente avessas ao risco dos elementos operacionais de uma empresa — o processo de administração financeira — e reinventá-la de forma que melhor se ajuste à era da informação.

Evitando a Síndrome do Brinquedo Novo: Sentir e Responder e o Marketing Contínuo

Há alguns anos, pudemos trabalhar com uma gerente em uma grande empresa de serviços financeiros. Fornecedora de produtos e serviços para consumidores e empresas, a empresa nos procurou para criar um novo site. Porém, quado começamos o trabalho, ficou claro que o conceito do projeto era falho e que, ainda que pudéssemos projetar, construir e lançar o produto, nossa pesquisa mostrava que os clientes simplesmente não estavam interessados.

Em vez disso, a gerente, com a aprovação do setor executivo a que se reportava, optou por mudar de rota — buscar outra ideia. Essa ideia, que fora deixada em segundo plano na organização por um tempo, também se mostrou de pouco valor. Essa é a natureza do trabalho de inovação. Você testa ideia após ideia e, na maior parte do tempo, abre caminho através de fracasso após fracasso. Mas estávamos trabalhando com rapidez e eficiência com um acúmulo de ideias, e nossa cliente estava feliz — até o final do projeto, ou seja, quando compartilhamos nossos resultados com seu chefe. Ele parecia incrédulo. "Vocês não construíram nada?", ele questionou. "Achei que fossem construir um aplicativo!"

Esta é a *síndrome do brinquedo novo*, e é mais comum do que a maioria de nós gostaria. Apegamo-nos a uma ideia e, não importa quantas evidências racionais se reúna, continuamos convencidos de que a ideia é boa. Queremos desembrulhar o produto final como um presente de Natal debaixo da árvore. Queremos *aquilo*.

Os profissionais de marketing também conhecem o poder do brinquedo novo. Alfred P. Sloan, o lendário chefe da General Motors, começou a usar o poder do design anual e mudanças de estilo, em meados da década de 1920, para criar a demanda do consumidor por carros da GM. E com esse toque de gênio, o modelo do ano nasceu. A cada ano, os fabricantes de automóveis revelam "o modelo deste ano", uma nova versão do carro do ano passado com melhorias suficientes para atrair os consumidores, manter os preços altos e o engajamento do mercado. Essa prática agora é padrão na indústria automobilística e se tornou central para a prática de marketing. Mas, de certo modo, torna mais difícil que seu novo produto e suas funcionalidades sejam o centro de sua campanha. É preciso tempo e planejamento para executar grandes campanhas. Como fazer isso quando não se sabe o que está por vir? E como criar grandes campanhas quando as mudanças não acontecem uma vez por ano, mas são entregues em pequenas e frequentes parcelas?

Com abordagens de comando e controle, é possível planejar o que produzir e se comprometer com esse plano com bastante antecedência. Isso permite que os setores de vendas e marketing planejem suas campanhas e construam materiais em torno do que se prometeu entregar. Mas com a abordagem de sentir e responder, esse tipo de planejamento raramente é possível. Essa incerteza pode levar a muitos atritos. É possível contornar isso, no entanto, alavancando os pontos fortes que os departamentos de marketing e vendas já têm. Afinal, as organizações de marketing e vendas já estão empenhadas em envolver o mercado em conversas bidirecionais. Eis algumas táticas que vimos em ação:

- *O marketing pode se tornar parte da equipe.* As equipes que utilizam a abordagem sentir e responder enfrentam incertezas sobre posicionamento, marca e mensagens. Qual é o modo mais eficaz de falar sobre o produto ou serviço oferecidos? Como comunicar os benefícios? E como entusiasmar as pessoas? Essas são questões com as quais as equipes precisam lidar logo no início, e não após o fato. Ao trazer para a equipe principal o marketing, é possível executar experimentos que abordem a oferta de maneira ampla, desde funcionalidades e funções a posicionamento, marca e mensagens.

- *O marketing pode adotar métodos de sentir e responder por conta própria.* Mesmo quando o marketing trabalha de forma independente, todos da equipe podem se beneficiar das abordagens de sentir e responder. Cada vez mais, o marketing é dominado por canais online, e a incerteza que se aplica a produtos e serviços também vale para campanhas de marketing. Profissionais de marketing sofisticados sabem há muito tempo como testar campanhas e quantificar o impacto de seu trabalho. Agora essas abordagens estão mais fáceis e apropriadas do que nunca.

- *O marketing pode se distanciar de vender produtos e funcionalidades, direcionando-se a campanhas baseadas na marca e nos benefícios.* As funcionalidades lançadas hoje evoluirão significativamente em um curto espaço de tempo. Ao concentrar esforços nos benefícios do produto e serviço, as equipes de marketing podem construir campanhas ágeis sem precisar gastar muito tempo com funcionalidades. Assim, mesmo com o ciclo dos recursos, a mensagem central não muda.

- *O road map e a coordenação em torno das campanhas "big bang" [uma única ideia poderosa que cria todo um lançamento] ainda são possíveis para esforços maiores, mas devemos vê-las como a exceção, e não a regra.* Esses tipos de esforços *big bang* criam dependências que reduzem o fluxo, então devem ser usados com cautela.

O Modo Contínuo para a Área de Vendas

O setor de vendas pode também perder o ritmo ao trabalhar ao lado de equipes de sentir e responder. É claro que as equipes de vendas variam muito, desde pessoas cujas funções são simplesmente mover objetos até aquelas que trabalham com vendas altamente técnicas e personalizadas. Quanto mais customizada, ou consultiva, for a venda, mais oportunidades teremos, como acontece com o marketing, ao incorporá-la ao esforço central da equipe.

Fora do departamento de atendimento ao cliente, ninguém fala com mais clientes do que membros da equipe de vendas. Seu trabalho gira em torno de conversas bidirecionais. Suas percepções sobre o que o mercado está pedindo, o que a concorrência está oferecendo e para onde a indústria está indo são sem igual. O *insight* que a equipe oferece pode ser usado como uma parte crítica do processo de tomada de decisão sobre sua oferta.

Porém, as estruturas de incentivo que impulsionam a força de vendas frequentemente a colocam em choque com o restante das equipes, especialmente em uma cultura contínua. As cotas de vendas tendem a ser orientadas por datas, e, portanto, os vendedores podem prometer certas funcionalidades em certas datas. Esse tipo de desenvolvimento de produto orientado a vendas cria todos os tipos de problemas para as equipes de desenvolvimento de produto, e, novamente, essas dependências fixas reduzem o fluxo, o feedback e o aprendizado.

Por sua vez, os vendedores podem se sentir frustrados com os *road maps* de produtos em constante mudança, dificultando ainda mais sua comunicação do que está por vir aos clientes. Transformar a dinâmica de vendas em um processo mais consultivo parece ser a maneira mais promissora de aplicar os conceitos de sentir e responder nas equipes de venda. Quando a venda consultiva é menos apropriada, outras medidas de sucesso de vendas, como a entrega de um ótimo atendimento ao cliente, podem ser empregadas. É exatamente o que as equipes da Sonic Automotive, sobre a qual falamos no Capítulo 4, estão fazendo. Em vez de se concentrar na venda de veículos de margem mais alta, focaram uma ótima experiência para o cliente. Eles sabem que esse é seu maior patrimônio e a melhor forma de fechar uma venda. Sua compensação depende disso. Essa abordagem leva a uma vitória para as equipes de vendas e de entrega, porque auxilia o pessoal da entrega a obter uma percepção do cliente em primeira mão, e os funcionários de vendas a criar motivos para contatar o cliente e agregar valor.

Por fim, como acontece com o marketing, as próprias equipes de vendas podem se beneficiar ao começar a sentir e responder. A mesma abordagem de teste e medição que se aplica aos mundos incertos de desenvolvimento de produto e marketing pode ter um tremendo impacto no mundo das vendas.

Eliminando o Conceito de Projetos: Fluxo Contínuo e o Trabalho do PMO

O software também tende a tornar obsoleto o pensamento tradicional de "projeto". Quando um software está pronto? A resposta é *nunca*. Portanto, em vez de organizar "projetos" com uma data de início e de encerramento, as abordagens Ágil defendem a criação de equipes permanentes que dedicam um esforço de modo recorrente e contínuo. Assim, em vez de criar uma equipe para construir um conjunto de funcionalidades, podemos criar equipes para chegarem a um conjunto de resultados, como discutimos no Capítulo 5.

Na verdade, esse foi o caso da AutoTrader UK, em que as equipes não são mais financiadas anualmente para construir um conjunto de funcionalidades. Na verdade, agora a empresa verifica como anda cada equipe, trimestralmente, para ver o *status* dos objetivos da iniciativa. Tais objetivos são quantitativos e têm base na mudança do comportamento do cliente de algum modo que beneficie o negócio. As equipes são financiadas para mudar esses comportamentos, um trimestre de cada vez. À medida que o trimestre se aproxima do fim, a empresa avalia, com a equipe, se vale a pena continuar trabalhando em busca desses resultados. Se sim, a equipe ganha mais um trimestre nessa busca. Caso contrário, passa para uma nova iniciativa.

Conclusões de Sentir e Responder para Gestores

- ✓ A produção, a tomada de decisão e o aprendizado contínuos são os fundamentos da abordagem sentir e responder.
- ✓ Na transição da manufatura para um mundo de produção contínua — como incorporado por DevOps, Ágil e startup enxuta —, é importante considerar seus outros processos de negócios e fazer a transição para iterações contínuas.
- ✓ Os gerentes de produto devem reconsiderar as táticas de gerenciamento de lançamento para controlar a sensibilidade do cliente, a conformidade regulatória, a sazonalidade e as dependências entre as equipes.
- ✓ As organizações devem usar *sandboxes* para definir restrições operacionais para equipes que preservam sua liberdade de ação.
- ✓ Em vez de buscar aprovação após o fato, deve-se buscar a opinião das partes interessadas o mais cedo possível. Os compromissos devem se tornar parte de uma área restrita operacional para as equipes.
- ✓ O processo anual de orçamento deve ser reconsiderado em favor de verificações periódicas de progresso mais frequentes com as equipes, com base na evolução em direção aos resultados de negócios.
- ✓ É preciso que as equipes de marketing adaptem-se a um mundo em que as funcionalidades do produto são frequentemente desconhecidas até pouco antes do lançamento.
- ✓ As equipes de vendas devem se afastar das promessas sobre funcionalidades e datas, adotando uma abordagem proativa que ajude os profissionais a entender as necessidades do cliente e do mercado.

8

Crie uma Cultura de Aprendizado Contínuo

Como discutimos brevemente no Capítulo 1, o governo de Massachusetts, em 1996, decidiu construir um novo sistema digital ligando mais de cem tribunais em todo o estado. A ideia era fornecer um banco de dados compartilhado de registros e documentos judiciais, o que ajudaria os administradores judiciais a rastrear o número de casos e permitiria mais colaboração entre as jurisdições. MassCourts, como o sistema é conhecido, foi orçado inicialmente em US$75 milhões, e a maior parte foi para a Deloitte & Touche, a fornecedora principal.[1] Originalmente, o sistema foi planejado para implantação em cinco anos e sua respectiva entrega ao estado para manutenção contínua e melhorias. Mas em abril de 2015, o *Boston Globe* divulgou a história de que, após dezenove anos, o projeto ainda não estava concluído.

Apesar desse atraso extremo, estouros de orçamento (foi preciso que o estado investisse em outros fundos para concluir o projeto), falta de funcionalidade moderna (por exemplo, o sistema não pode ser acessado pela web), a Deloitte afirma que entregou um projeto bem-sucedido.² Uma testemunha especializada, Michael Krigsman, falando perante a legislatura estadual, respondeu: "Em que planeta este projeto pode ser considerado um sucesso?"³

Como a Deloitte pode afirmar que o projeto foi bem-sucedido? Tudo se resume ao modo como as compras de TI funcionam. Como disse Krigsman, "Para entender... Deve-se considerar o contrato original. Muitas vezes, tais acordos especificam o faturamento com base em marcos do processo, e não resultados de negócios do cliente."

Certamente, isso é verdade neste caso: a comunidade de Massachusetts definiu marcos de pagamento com base na entrega de funcionalidades, e não no atendimento das necessidades do cliente, usabilidade ou resultados de negócios. Ou seja, se a Deloitte concluísse a construção de uma funcionalidade e passasse no processo de garantia de qualidade da empresa, seria paga. E com base nessas medidas, ela pôde faturar e cobrar a maior parte dos US$75 milhões definidos para o projeto em Massachusetts.

Trabalhar nesses termos cria uma cultura que valoriza a entrega, e não o sucesso. Pode-se imaginar a posição da Deloitte nessa questão. Eles estabeleceram os termos, e Massachusetts concordou. É como deixar seu irmão mais novo cuidando do pote de doces. "Você disse para tomar conta, não disse que não podia comê-los!"

Criando uma Cultura

O modo como alguém designa um trabalho cria uma cultura. Se pedir às pessoas que criem funcionalidades, elas o farão e valorizarão sua entrega, mesmo que não resulte em um grande sucesso. Valorizarão as características e os comportamentos que possibilitam a entrega de funcionalidades. Por outro lado, se você pedir que as pessoas sejam responsáveis pelo sucesso, espera-se que trabalhem de uma nova maneira. E embora eventualmente essa abordagem venha a moldar uma nova cultura, essa transição cultural precisa ser feita de modo consciente, e novos traços culturais precisam ser desenvolvidos, além de apoiados.

Em outras palavras, mudar o modo como você lida com os projetos é um primeiro passo vital, mas essa mudança precisa vir junto com um trabalho explícito na cultura da empresa.

Era Industrial: A Cultura de Comando e Controle

A cultura de comando e controle da era industrial recompensa o cumprimento do plano, mesmo que saiba que ele não faz mais sentido. Não faça perguntas. Não crie nenhuma mudança. Apenas concentre-se na tarefa. Chamamos isso de *cultura de entrega*. A cultura de entrega explica por que a prática de *jidōka* da Toyota soou radical para os trabalhadores automotivos norte-americanos quando foram expostos a ela pela primeira vez na década de 1980. *Jidōka* é a ideia de que qualquer trabalhador da linha de produção poderia — na verdade, era obrigado a — interromper a linha ao ver um defeito ou problema de qualidade. A ideia era consertar o problema antes de que afetasse mais carros. Somente depois que o problema fosse corrigido, a linha poderia ser retomada. Foi um choque para os trabalhadores norte-americanos treinados ao lado dos trabalhadores da Toyota na década de 1980 testemunhar essa prática em ação. A única lei sagrada da fabricação de automóveis norte-americana era que a linha nunca deveria parar, aconteça o que acontecer. Esse momento — quando a cultura de entrega encontra a cultura de qualidade — resume o desafio que as organizações enfrentam ao adotar novos valores.

Uma cultura de entrega que valoriza atingir suas metas de produção e prazos está em conflito direto com uma valorização da descoberta e a adoção de valores emergentes para o cliente. Em uma cultura de entrega, não há tempo para conversas com o mercado e nem para aprendizado e iteração. Na verdade, a cultura de entrega recompensa os funcionários e gestores por concluírem as tarefas conforme planejado, em vez de confirmar que tais tarefas eram as certas a serem concluídas.

Ao separar as tarefas que as pessoas estão realizando da lógica que conecta essas tarefas aos resultados, problemas surgem. Em vez de recompensar o pensamento, a experimentação, a solução de problemas e o aprendizado, começa-se a recompensar a ordem e a disciplina. Nessas culturas, a mera discussão da tarefa em questão pode ser percebida como insubordinação. A cultura de entrega é caracterizada por tomadas de decisão de cima para baixo, *road maps* plurianuais, ciclos de planejamento anuais e prazos rígidos. Não é uma cultura para construir conversas bidirecionais.

Portanto, é uma forma obsoleta e arriscada de trabalhar em um mundo orientado por software.

Era da Informação: A Cultura da Tomada de Decisão de Modo Distribuído

Em vez de uma cultura de ordens de cima para baixo, os métodos de sentir e responder empurram a tomada de decisões para dentro da organização — permitindo que aqueles que estão mais próximos do cliente, dos mercados e da situação em questão tomem as decisões. Valoriza o que essas pessoas sabem e, mais ainda, sua capacidade de aprender. Com isso em mente, acreditamos que há sete elementos importantes que constituem uma cultura de aprendizagem.

1. *Humildade.* Se não soubermos como é o final, é preciso explorar para encontrá-lo.

2. *Permissão para falhar.* Explorar significa que às vezes estaremos errados. E tudo bem.

3. *Autodirecionamento.* À medida que descobrimos novas evidências, continuamos a impulsionar nosso aprendizado nas direções que nos parecem produzir os melhores resultados.

4. *Transparência.* Transparência significa compartilhar novas informações — boas ou ruins — amplamente para que as outras pessoas possam ajustar suas explorações de acordo.

5. *Uma inclinação para a ação.* Análise e consideração são importantes, mas o aprendizado deriva da ação. Devemos encorajar as pessoas a agir, e não a esperar por permissão.

6. *Empatia.* A empatia por nossos clientes, usuários e colegas nos ajuda a encontrar valor.

7. *Colaboração.* Ao trazer diversos pontos de vista para tratar de um problema, encontramos as melhores soluções.

Elemento de Construção 1: Humildade

Kellan Elliott-McCrea, diretor de Tecnologia da Etsy de 2011 a 2015, liderou uma equipe pioneira admirada por muitas pessoas no mundo da tecnologia. Os membros da equipe da Etsy eram líderes no movimento DevOps e foram pioneiros na comunidade *open source*. Introduziram várias técnicas que avançaram a modernização vanguardista. Portanto, é notável que, após sua saída da Etsy, Elliott-McCrea tenha escrito um pequeno ensaio focado não em realizações técnicas, mas na cultura — a cultura que ele ajudou a construir durante sua gestão como diretor de Tecnologia.[4] Ainda que seu papel fosse técnico, os resultados influenciaram toda a cultura da organização.

O primeiro ponto citado por Elliott-McCrea no ensaio é modesto: ele enfatiza a natureza dinâmica do software dizendo: "Nada que 'sabemos' sobre o desenvolvimento de softwares deve ser levado como verdade absoluta." Essa é uma articulação daquele que talvez seja o valor cultural mais importante em um mundo de sentir e responder: humildade.

Uma coisa é saber disso intelectualmente. Ser humilde, porém, é o lado emocional desse conhecimento. Significa enfrentar muita pressão de nossos colegas de trabalho, chefes e clientes, que desejam que tenhamos respostas e certeza por elas. O primeiro gerente de produto do Google para produtos empresariais, Rajen Sheth, descreve como os primeiros clientes lhe perguntaram, em 2006, qual era o *road map* de três anos do Google para seu pacote de produtos empresariais. Sheth e sua equipe tinham uma visão, mas seu plano para alcançá-la era tomado por incertezas. Afinal, a empresa nunca tivera um pacote de produtos baseados na web criado antes, pelo menos não na escala que o Google estava planejando. A equipe criou um *road map* flexível, mas, mesmo assim, ele durou apenas um ano. "Como eu saberia o que estarei fazendo em três anos quando nem sequer tenho certeza do que estarei fazendo em três meses?", Sheth questionou.[5]

É uma posição difícil para um gerente. No caso de Sheth, ele pedia aos clientes corporativos que comprassem produtos como sistemas de e-mail, que normalmente têm uma validade de dez anos em uma organização. É difícil olhar nos olhos dos clientes e dizer "Realmente não sei como vamos chegar lá, mas estou confiante de que o faremos". Em vez de encarar essa pressão, poucos de nós fazem o que Sheth fez: admitir não saber. A realidade é que geralmente optamos por fazer planos, compromissos e orçamentos. Essa escolha pode parecer a melhor no curto prazo, porque tais táticas nos permitem evitar uma conversa difícil, mas frequentemente mostram-se erros no longo prazo. Os clientes e as partes interessadas querem acreditar que as iniciativas podem ser previstas, planejadas e orçadas. Mas quando o inevitável acontece, e a adversidade interrompe nossos planos cuidadosos, encaramos um novo problema: ser o portador das más notícias. A pressão para evitar discrepâncias entre o plano e a realidade é enorme, e por causa disso, podemos nos fechar para aprender inteiramente. Esqueça os problemas! Mantenha a linha de produção funcionando! Cumpra o prazo!

Um gerente de uma importante empresa de serviços financeiros resumiu: "A dificuldade é realmente com os *product owners* tradicionais que tomavam decisões de certa forma no passado: eles estão acostumados a ser especialistas. Estão acostumados a ter as respostas. E tiveram sucesso em suas carreiras até então trabalhando assim. Eles têm dificuldade em tomar decisões de uma maneira nova, que vá além de uma conversa com os clientes."

Portanto, a humildade é um importante alicerce de uma cultura de aprendizagem. Admitir que não temos todas as respostas significa que é preciso encontrar uma forma de obtê-las. Precisamos descobrir como aprender o que é preciso para termos sucesso.

Elemento de Construção 2: Ambiente Seguro com Permissão para Errar

Para que uma cultura de aprendizagem prospere, suas equipes devem se sentir seguras para experimentar. Experimentos são como aprendemos, e, ao mesmo tempo, por natureza, eles falham, e com frequência. Em um bom experimento, aprendemos tanto com o fracasso quanto com o sucesso. Com a estigmatização do fracasso, as equipes correrão poucos riscos.

Certa vez, trabalhamos com uma equipe em uma grande organização de serviços financeiros nos Estados Unidos ajudando-os a aprender como obter conceitos do laboratório de P&D e colocá-los em prática. Em nossas primeiras reuniões, sugerimos vários experimentos. Cada sugestão teve a mesma resposta: "Oh, não podemos fazer isso aqui, porque..." É claro que foi frustrante, tanto para nós como para nossos clientes, porque todos queríamos trabalhar dessa forma. Mas, por mais frustrante que fosse, os membros da equipe estavam certos. Eles não tinham permissão para assumir os riscos associados às táticas que estávamos propondo, mesmo que nos parecessem riscos muito pequenos. Uma jovem gerente, durante um de nossos telefonemas de acompanhamento, alguns meses depois, disse que, apesar das proibições, havia feito alguns pequenos experimentos. Eles tiveram sucesso, e seu chefe comemorou seu sucesso — e disse que ela nunca mais deveria fazer isso! A ideia da *sandbox*, discutida no Capítulo 7, é uma forma de reduzir o risco de experimentação. É sobre criar um conjunto de procedimentos, regras e restrições com os quais sua organização possa conviver e dentro do qual a falha seja aceitável. Mas as diretrizes de procedimento são apenas uma parte da *sandbox*. Também precisamos da permissão cultural para experimentar. Ou seja, criar um entendimento com seus colegas e líderes de que seu progresso não será linear e previsível, e que não deve ser julgado por sua *taxa de entrega* (a quantidade de coisas que lança), mas por sua *taxa de aprendizagem* e por seu progresso geral em direção a objetivos estratégicos — em outras palavras, pela medida em que atinge os resultados em questão.

Uma prática de construção de cultura que as organizações usam na criação da permissão para falhar é o *blameless post mortem* ["autópsia"sem culpa]. Essa reunião, feita regularmente, fornece uma oportunidade para toda a equipe revisar um período de tempo recente (ciclo de lançamento do produto, trimestre etc.) ou um incidente específico, examinando de forma honesta o que correu bem, o que poderia ser melhorado e o que não deveria continuar. Esses *post mortem* são frequentemente facilitados por alguém de fora da equipe, para evitar qualquer preconceito ou conflito de interesses. Pense nessa atividade como uma melhoria contínua, mas aplicada à forma como a equipe trabalha, e não ao produto em que estão trabalhando.

A motivação para esse processo é que as falhas devem ser tratadas como oportunidades de aprendizagem. Para aprendermos com as falhas, é preciso fazer uma avaliação precisa do que aconteceu, por que aconteceu e como pode ser evitado na próxima vez. Seria simples tratar essa investigação como uma caça ao responsável para discipliná-lo. Mas se esse for o resultado da investigação, as pessoas envolvidas não serão motivadas a compartilhar a verdade sobre o que aconteceu. Em vez disso, encobrirão o problema para evitar a punição. Portanto, para que as pessoas aprendam, o processo de *blameless post mortem* deve incluir uma garantia férrea de que possam falar sem medo de punição. E essa garantia deve ser mantida.

As *sandboxes, blameless post mortem* e outras táticas de aprendizagem seguras contra falhas reduzem os *grandes* riscos que as organizações enfrentam. Por meio delas, as equipes aprendem e respondem às mudanças nas condições. Ao fazer isso, eles encorajam *pequenas* quantidades de risco. É uma troca que muitas organizações não aceitam facilmente. Na verdade, muitas empresas procuram mais controle de processo como forma de mitigar *todos* os riscos. Essa abordagem mistura diferentes tipos de risco. Ela identifica pequenos riscos operacionais e tenta controlá-los de modo absoluto, ao mesmo tempo em que ignora os grandes riscos existenciais. Ao aumentar o controle do processo operacional, diminui-se a liberdade de experiência de suas equipes. Como elas acreditam ter menos liberdade para se desviar dos processos "padrão", tornam-se menos curiosas e buscam soluções cada vez menos arriscadas. Ou seja, provavelmente permanecerão as mesmas soluções, mesmo que os mercados mudem, a tecnologia melhore e surjam novos paradigmas que desafiem sua posição.

Elemento de Construção 3: Autonomia e Alinhamento

A Netflix, outra empresa que adota uma abordagem muito proativa para criar e gerenciar cultura, não concorda com esses tipos de controles de processo como um princípio fundamental de sua maneira de operar, declarando: "O processo traz resultados de curto prazo sedutoramente fortes."[6] Como alternativa, a empresa valoriza a contratação de pessoas responsáveis e concede a elas permissão para operar dentro das restrições, com espaço para falhas e, portanto, dando aos indivíduos e à organização a chance de crescer e evoluir.

De muitas maneiras, essa abordagem incorpora o trabalho da famosa Teoria X e da Teoria Y de gerenciamento de Douglas McGregor.[7] McGregor, professor de administração em meados do século XX e autor de *O Lado Humano da Empresa*, sugere que há pelo menos duas formas distintas de pensamento entre gerentes sobre os funcionários e que essas suposições se traduzem diretamente nas abordagens de gestão. A Teoria X propõe que os funcionários não gostam de trabalhar e que a única forma de fazer com que entreguem sua produção é por meio de controle, direção e ameaças explícitas.

Sem sentir. Nem responder. Muito menos aprender. Essa teoria sustenta que os funcionários evitarão a responsabilidade, a tomada de iniciativa e terão apreço pela direção explícita e controles rígidos que a administração pode fornecer.

A Teoria X descreve uma visão de mundo sustentada por muitos gerentes em empresas da era industrial. Em um mundo previsível, em que a manufatura, o custo e o uso de seu produto são bem conhecidos, a Teoria X de gerenciamento era considerada a certa. A Teoria X afirma que não se pode confiar nos funcionários para tomar boas decisões. E isso se mostra consistente com o gerenciamento de cima para baixo, em que os gerentes pensam e os subordinados executam o trabalho. De fato, pode haver lugares em que essa abordagem de gerenciamento faça sentido, ainda que o sucesso do Sistema Toyota de Produção, que retorna o pensamento e a tomada de decisões à linha de produção, vá de encontro a essa abordagem.

Porém, para os profissionais do conhecimento, o pensamento e a tomada de decisões *são* seu trabalho. E em uma cultura de aprendizagem, todos nos tornamos profissionais do conhecimento. Nessa teoria do mundo, os controles do tipo X levarão uma organização à irrelevância mais rápido do que qualquer outra coisa.

Em contraste com a Teoria X, McGregor descreve a Teoria Y, uma visão de mundo baseada na hierarquia das necessidades de Maslow. A Teoria Y propõe que a segurança e o medo não são os únicos motivadores para os funcionários. Em vez disso, a Teoria Y reafirma que a autodireção, o alinhamento com uma missão maior e o desejo de melhorar a sociedade são os propulsores do desempenho, dos resultados e da inovação. Em situações em que a missão é clara e a organização se alinha em torno dela, a autodireção se enraizaria e entregaria resultados superiores. Os trabalhadores autônomos desejam assumir responsabilidade pessoal pela qualidade, pela colaboração, pela criatividade e pelo aprendizado.

Isso é o que torna o alinhamento com a missão tão importante em um mundo de sentir e responder. É preciso que os trabalhadores entendam a missão, seu significado para eles e vejam como seu trabalho se conecta e contribui para o cumprimento da missão.

A preferência por abordagens do tipo da Teoria Y é difundida no mundo do software e refletida no Manifesto Ágil. Um dos princípios do manifesto afirma: "Construa projetos em torno de pessoas motivadas. Ofereça o ambiente e o apoio de que precisam e confie que elas cumprirão seu trabalho."[8]

Elemento de Construção 4: Transparência

No início dos anos 2000, a Nokia estava no ápice do mundo da telefonia móvel. Antes do advento do smartphone — o primeiro iPhone foi lançado em 2007 —, a empresa era a líder indiscutível. E, ainda assim, deu muito errado. Eles não conseguiram responder de forma eficaz às mudanças no mercado, e apenas sete anos após o lançamento do iPhone, em 2014, a Nokia vendeu seu negócio de telefonia móvel para a Microsoft. E eles continuam em maus lençóis. No final de 2015, eram responsáveis por apenas cerca de 1% das vendas globais de smartphones.[9] O que aconteceu?

Recentemente, um estudo feito por Quy Huy e Timo Vuori, professores de estratégia da escola de negócios europeia INSEAD, argumenta que o fracasso teve como base os "medos compartilhados entre os gerentes de nível médio e superior [da Nokia] [que] levaram à inércia em toda a empresa e a deixaram impotente para responder ao dispositivo inovador da Apple".[10] Nesse estudo, eles descobriram um padrão em que tanto "líderes temperamentais quanto gerentes de nível médio assustados temiam dizer a verdade". Como resultado, os líderes do nível superior não conseguiram desenvolver uma imagem precisa da realidade local. Os gerentes de nível médio mantinham as más notícias em segredo, ou mentiam explicitamente para a liderança sobre o *status* do trabalho.

Como resultado de ouvir apenas boas notícias, os superiores tornaram-se ainda mais exigentes em termos de ambição técnica e prazos. Mas essas demandas eram irreais, porque as equipes já estavam muito para trás. A qualidade do produto caiu a tal ponto, que a Nokia, antes uma potência técnica, precisou recorrer à terceirização de seu sistema operacional para smartphones.

O antigo dramaturgo grego Sófocles escreveu: "Ninguém gosta do mensageiro que traz más notícias." Desde então, pelo menos, sabemos que existe a tentação de culpar o mensageiro. Porém, isso só serve para privar o rei das informações de que precisa para governar. O mesmo ocorre com o fluxo de informações em nossas empresas. Tal privação leva, nesse caso, ao que Huy chama de "silêncio pluralista", em que ninguém estava disposto a falar a verdade que, se aceita, poderia realmente ter salvo o negócio de smartphones da Nokia. Para prosperar na era da informação, precisamos de informações. Assim, as organizações que promovem a transparência — compartilhamento honesto de informações — são as que prosperam.

Mike Bland, que trabalhou no Google e atualmente é líder de práticas na 18F, a nova organização de serviços digitais do governo dos EUA, recentemente escreveu sobre a importância da transparência em sua experiência, primeiro no Google, e mais recentemente no âmbito governamental. Bland descreve suas motivações para construir um centro de informações online para ajudar as pessoas na 18F a se encontrar, descobrir em que os outros estão trabalhando e compartilhar conhecimento. Ele escreveu: "Acreditamos que a forma *como* trabalhamos é tão importante quanto *o que* produzimos para nossos parceiros. O produto é um reflexo do processo. Definindo um exemplo de organização de aprendizagem aberta e próspera, a 18F oferece um exemplo para que membros de outras agências federais possam usar para introduzir métodos semelhantes em suas equipes."[11]

Elemento de Construção 5: Foco na Execução

Se você está em alguma organização há algum tempo, deve saber que há certos assuntos que são tópicos de debate contínuo. Às vezes, esses tópicos são chamados de "guerras santas", porque têm uma disputa constante em que cada lado acredita com absoluta certeza que está correto. Quando esses tópicos surgem, às vezes ouvimos o menos partidário em sua organização murmurar: "Vai começar tudo de novo."

Esse tipo de debate tende a paralisar os grupos de trabalho, por isso é importante evitá-lo. Um dos principais pontos do processo de sentir e responder delegadas às equipes é tomar pequenas decisões, buscar feedback, avaliar evidências e, então, decidir mais uma vez como seguir em frente. Não podemos fazer isso rapidamente se estivermos constantemente debatendo e analisando os dados. Na verdade, debates longos e repetitivos costumam ser um sintoma de que não temos evidências suficientes. Nesses casos, é preciso tomar medidas que gerem mais evidências, criem *insights* e permitam que a equipe aprenda o caminho a seguir. Deve-se iniciar uma conversa bidirecional com o mercado.

A incerteza é nossa inimiga e obstáculo. Como já argumentamos, na era da informação, nem sempre podemos prever com precisão o efeito de nossas ações. Nem podemos usar a matemática newtoniana para prever o comportamento de nossos produtos de software. Em vez disso, devemos testar coisas e ideias, sondar. Em suma, para seguir em frente e ganhar clareza, devemos agir.

Um dos princípios discutidos em nosso primeiro livro, *Lean UX*, era o de que as equipes precisam priorizar a elaboração em detrimento da análise. Incentivamos as equipes de produto a fazer *algo* — um protótipo, um experimento, uma entrevista com o cliente — para extrair as informações que faltavam, em vez de sentar na sala de conferências debatendo a validade de uma ideia.

O mesmo vale para o nível gerencial. À medida que a forma como sua empresa trabalha muda em resposta à incerteza que a tecnologia traz, a administração deve adotar uma inclinação para a ação, para os experimentos que criam os dados de que você precisa para tomar decisões.

Elemento de Construção 6: Empatia e Valorização do Cliente

Há alguns anos, o pesquisador de *design* Jared Spool estudou suas equipes para ver como o efeito da exposição aos clientes interferiu no sucesso do produto. De acordo com o estudo, publicado em 2011, as equipes que se reuniram com clientes reais por pelo menos duas horas por membro da equipe a cada seis semanas produziram produtos superiores.[12] Spool chama essa métrica-chave de *horas de exposição*, número de horas a que cada membro da equipe é exposto aos clientes. Essa última parte é importante. As equipes que fazem muitas pesquisas, mas compostas apenas por especialistas em pesquisa, não veem essa melhoria na qualidade do produto. O segundo ponto-chave do estudo é que a pesquisa não pode ser feita apenas uma vez, deve ser algo contínuo. O estudo descobriu que uma pesquisa feita com a frequência de pelo menos a cada seis semanas é o ideal.

Em outras palavras, a exposição repetida a clientes que lidam com problemas da vida real, em campo, gerou conversas mais empáticas e ajudou as equipes a se concentrarem em soluções que agregassem valor ao cliente.

As abordagens de sentir e responder consideram o valor do cliente como o caminho necessário para atingir o valor do negócio e, portanto, colocam o valor do cliente no centro de tudo que a organização faz. Ou seja, a organização deve construir e manter altos níveis de empatia pelos clientes. Todos, desde o CEO até os representantes do *call center*, devem ter uma noção do que seus clientes buscam, o que está atrapalhando e como suas soluções os ajudam a superar esses obstáculos. A empatia nos ajuda a encontrar um caminho, mesmo passando pela incerteza. Ela abre brechas em nossas suposições sobre nossos clientes e suas necessidades. Isso nos mantêm firmes em sua realidade.

Às vezes, a empatia com o cliente é a única chance de sua empresa manter uma forte posição no mercado em face à concorrência global. Essa era a situação da Maxdome, um serviço alemão de streaming de vídeo, em 2015. A Maxdome enfrentava dois grandes desafios. Em primeiro lugar, o mercado alemão é geralmente cético em relação aos serviços de assinatura. Oferecendo ainda mais pressão, tanto Netflix quanto Amazon Prime estavam bem encaminhados para lançamentos locais em um futuro imediato. Maxdome, uma subsidiária do conglomerado de mídia de massa de língua alemã ProsiebenSat.1, decidiu reinventar seu serviço — e a cultura da empresa — do zero.

O CEO da Maxdome, Marvin Lange, sabia que não poderia vencer uma corrida armamentista baseada em funcionalidades contra rivais bem financiados como Netflix e Amazon Prime.[13] Então, em vez de oferecer a suas equipes uma lista de funcionalidades para começar a desenvolver, Lange lhes deu um desafio estratégico — uma missão: vencer sendo o melhor em "descoberta de vídeo" e "inspiração de conteúdo". Esse seria o objetivo do serviço. A empresa não mede o progresso em termos de funcionalidades construídas. Em vez disso, os marcos seriam aquisição de clientes, uso de serviço e retenção.

Para descobrir como a inspiração e a descoberta se manifestariam, Lange deu a suas equipes mais um desafio: conhecer seus clientes. Lange nos disse que uma organização que entende as necessidades, os pontos fracos e as excentricidades culturais de seus clientes acabará por construir um serviço superior. "Nós, como uma equipe de gerenciamento, sempre desafiamos funcionários a fazer testes reais com usuários para tudo e colocar o cliente em primeiro lugar", disse Lange. "Parece muito básico, mas não é." Lange desenvolveu cinco táticas para conseguir isso.

Primeiro, ele exigiu que todo gerente atendesse ligações de atendimento ao cliente uma vez por mês. O trabalho dos gerentes é experimentar a frustração do cliente na linha de frente. O que está gerando as ligações? Em que o produto está falhando? Quais são as oportunidades para melhorar? Os gerentes da Maxdome poderiam receber facilmente essas informações em um relatório mensal, mas o desconforto de ouvir diretamente dos clientes ajuda a garantir que essas preocupações não se percam nas discussões de priorização de funcionalidades.

Em segundo lugar, a cada ano, durante a temporada de férias, os gerentes da Maxdome tentam vender seus serviços nas movimentadas ruas comerciais da Alemanha. Esse cenário vai um passo além de só ouvir chamadas de suporte. Os gerentes não apenas buscam informações ou reclamações dos clientes; estão ativamente convencendo transeuntes aleatórios a comprar o serviço no local (falamos ao longo do livro sobre a conversa bidirecional com o mercado. Às vezes, dizemos isso metaforicamente, mas neste caso, os gerentes têm conversas literais com seus clientes). Os gerentes experimentam diferentes táticas de vendas em ação, para descobrir o que funciona. Os argumentos de venda e os conceitos que convertem estranhos em clientes a partir da ação são os argumentos que os gerentes integrarão ao marketing, à publicidade e ao trabalho de desenvolvimento de produtos no próximo ano.

A terceira iniciativa da Maxdome é fornecer um orçamento ilimitado para a exposição do cliente. Qualquer um na empresa pode configurar conversas ou estudos de experiência do usuário com os clientes para determinar como (ou se deve) levar uma iniciativa adiante. O único requisito é que o aprendizado desses estudos seja amplamente disponibilizado, que os *insights* gerados dos estudos sejam utilizados na tomada de decisões. Desde que Lange estabeleceu esse programa em 2015, a Maxdome está executando entre quarenta a cinquenta estudos ao ano.

Quarto, a Maxdome iniciou um processo chamado de "*dogfooding*". Derivado da frase *"eating your own dogfood"**, esse é o processo em que os funcionários da empresa usam o serviço que estão criando regularmente para seu próprio entretenimento durante o tempo de inatividade. Nada motivará um gerente de uma equipe a projetar e desenvolver uma funcionalidade de descoberta de vídeo intuitivo e utilizável como ter seu filho de 3 anos gritando porque quer ver seu desenho animado favorito enquanto papai se atrapalha com estruturas de menu desajeitadas, resultados de pesquisa lentos e escolhas de conteúdo ruins.

A iniciativa final da Maxdome é a transferência de conhecimento. Todos os meses, a empresa realiza uma reunião geral em que os *insights* de clientes coletados são amplamente compartilhados. Eles discutem os novos padrões de comportamento que estão observando e consideram como podem afetar os planos de produtos. Além disso, Lange sempre compartilha alguns clipes curtos de gerentes fazendo seu turno no *call center*. Isso ajuda a enfatizar o ponto de que a empatia é uma preocupação de toda a empresa.

Em última análise, o que essas táticas ilustram é a dedicação da Maxdome em construir uma cultura de aprendizado contínuo por meio da empatia com o cliente. As equipes avaliam constantemente os planos à medida que novas percepções do cliente chegam e mudam continuamente seus esforços em direções cada vez mais precisas. Sua bússola para o sucesso é o comportamento do cliente. Se podem impactar positivamente, relatam isso como um sucesso. Se não, relatam como aprendizado, não fracasso, e avaliam rapidamente como fazer o próximo esforço de uma forma aprimorada.

Essa abordagem ajudou a Maxdome em áreas além da qualidade do produto. Não é uma surpresa o fato de que, quando as pessoas

---

* "Eating your own dogfood" — "comer sua própria comida de cachorro", ou simplesmente "dogfooding", na indústria de software, é a prática de usar seus próprios produtos ou serviços. (N. da R.)

conseguem fazer um trabalho de qualidade superior, sua satisfação aumenta, e é isso que acontece na Maxdome. Desde o início desses programas, Lange relata que o número de funcionários da Maxdome que recomendariam a empresa como empregadora dobrou, de 35% para cerca de 70%.

Elemento de Construção 7: Colaboração, Diversidade e Confiança

Em 1959, o músico Miles Davis montou seu sexteto para gravar um novo álbum denominado *Kind of Blue*. Os músicos se reuniram quase sem ideia do que tocar e sem qualquer ensaio. Davis estava no auge de sua carreira, mas também sentia-se frustrado com o bebop, o estilo de jazz em que vinha trabalhando há uma década. Ele estava experimentando um novo estilo, *jazz modal*, e para *Kind of Blue*, queria ir fundo nele.

Ao longo de apenas dois dias, a banda gravou o que se tornaria o disco de jazz mais vendido de todos os tempos, bem como gravou o que muitas pessoas consideram como a maior gravação de jazz de todos os tempos. Um crítico escreveu: "O *Kind of Blue* não é apenas um destaque artístico para Miles Davis, é um álbum que se posiciona acima de seus pares, um disco geralmente considerado como o álbum de jazz definitivo, um padrão de excelência universalmente reconhecido."[14] Como isso foi possível? Qual foi a cultura que Davis criou durante essas sessões que permitiu que essa criatividade acontecesse?

Em sua TED talk de 2011, Stefon Harris, um talentoso músico de jazz, observou que "não há erros no coreto".[15] Em vez disso, disse, cada nota tocada é uma oportunidade de mover o "produto" em uma nova direção, mas apenas se você estiver ouvindo o que seus colegas de banda estão fazendo e preparado para aproveitar as oportunidades que sua apresentação cria. Harris afirma que essa colaboração, essa escuta e essa vontade de abraçar o que seus colegas estão fazendo é o que permite que o improviso no jazz aconteça.

Jazz é música improvisada. Não pode ser prevista, escrita ou programada precisamente ou com antecedência. E o improviso musical é uma interação entre liberdade e restrições. Os músicos obedecem a certas restrições — uma tonalidade, um ritmo, um conjunto de mudanças de acordes — que mantêm a unidade. Mas também há liberdade para explorar — algumas decisões podem ser tomadas dentro dessas restrições. "Erros" são o que acontece quando músicos inadvertidamente ultrapassam uma restrição, tocando uma nota fora da tonalidade dada ou saindo do ritmo. Um grupo alerta de colaboradores pode notar esse momento e transformá-lo em uma oportunidade. Aceitar essa nova nota, entender que implica no movimento para uma nova tonalidade e, naquele momento, decidir seguir nessa direção.

Esse era o segredo de Davis. Ele era um mestre da improvisação e colaborava com esses músicos há anos. Portanto, mesmo quando mudou do bebop para o jazz modal, ele estava, na verdade, mudando as restrições. O processo de trabalho subjacente — a colaboração, a escuta, as habilidades de improvisação — não mudou realmente. Davis forneceu a visão na forma de "esboços" para cada música. Era como estratégia — a direção do alto escalão para a banda. No entanto, ele foi humilde o suficiente para deixar a execução para o brilhantismo individual dos outros músicos. Davis criou um espaço em que as melhores ideias emergiram da talentosa banda que contratou — Bill Evans, John Coltrane, Cannonball Adderley, Paul Chambers e Jimmy Cobb. Os esboços de Davis definiram a direção, mas os instrumentistas construíram a música juntos. Um solo de piano aqui, um toque de saxofone ali. Eles se ouviram. A música se tornou uma conversa com picos e vales, contornos e formas.

A colaboração é vital para sentir e responder às abordagens. Ela começa com a ideia de que uma equipe pequena, trabalhando em ciclos curtos e iterativos, precisará de diversas habilidades. Não há tempo para um trabalho longo e sequencial com transferências entre especialistas. Falamos sobre isso em detalhes no Capítulo 6, mas queremos refletir mais aqui, porque há um componente cultural na colaboração que permite que o processo aconteça.

Uma das coisas que torna a colaboração tão poderosa é o fato de que ela combina pessoas com diferentes pontos de vista e habilidades trabalhando juntas em um problema. O desafio, no entanto, está na mesma coisa que torna a diversidade tão poderosa, pois também pode servir como a raiz de um conflito: pessoas diferentes têm valores diferentes, fazem suposições diferentes, têm preceitos e preconceitos diferentes, além de trazerem conhecimentos diversos para a mesa. Para transformar essa combinação em uma equipe produtiva, em vez de liberdade para todos, é preciso criar algum propósito compartilhado e instaurar confiança.

Isso certamente foi o que aconteceu com Thomas Edison em seu famoso laboratório em Menlo Park, New Jersey. Edison, com seus funcionários, muitas vezes ficava até tarde no laboratório, trabalhando em experimentos. Durante essas primeiras horas da noite, geralmente ele fazia o que chamou de "almoço da meia-noite", reunindo seus funcionários para jantar, contar histórias e até mesmo cantar e tocar músicas. Essas sessões ajudaram a todos a superar o trabalho e as definições de funções e a se conhecer como pessoas.[16] Esse tipo de atividade cria uma base de confiança a partir da qual, por exemplo, um engenheiro e um gerente de produto entram em conflito por causa de alguma característica.

A importância dos laços sociais é algo que às vezes esquecemos, mas surge repetidamente quando falamos de equipes criativas. Em um artigo recente sobre a construção de estúdios de design produtivos, os designers Rhys Newman e Luke Johnson estabeleceram quinze princípios para um bom estúdio, e muitos estão ligados à construção de bons laços sociais em toda a equipe. Dar "bom-dia" e "boa-noite", por exemplo, para começar a construir uma cultura social gentil. Rir mais para diminuir o conflito e aproximar as pessoas. Comer e cozinhar juntos para encorajar as pessoas a baixar a guarda; ser vulneráveis e humanos juntos. Reuniões abertas, para encorajar a confiança e a abertura. Trazer o exterior para dentro ou compartilhar a vida familiar e os interesses externos uns com os outros, novamente para se tornarem mais humanos aos olhos uns dos outros. Essas são ótimas práticas para qualquer equipe, não apenas para estúdios de design, porque criam uma atmosfera em que a colaboração é possível.[17]

Abraçar a Mudança Significa Também Aceitar as Mudanças Culturais

Como você muda a cultura? Essa é uma pergunta para a qual não há respostas fáceis, e é um tópico de debate sem fim para gestores, consultores e especialistas. Não há como dizer que não se tem opinião sobre isso. "Cultura são conversas", declara um especialista. Outro escreve: "Cultura é o que você faz, não o que você diz." E um terceiro afirma: "Cultura é o que você faz quando o CEO não está na sala." Eles podem estar todos certos até certo ponto — em outras palavras, essas ideias podem não entrar em conflito, mas apenas refletir diferentes partes do todo. A construção da cultura, como muito do que falamos neste livro, é tomada por incertezas.

Então, por onde começar? Nosso pensamento indica que um primeiro passo importante, talvez não surpreendente, seja aceitar a ideia de que a cultura, como tudo o mais, está em constante estado de mudança. Shani Hilton, editora-chefe adjunta do BuzzFeed, disse em uma entrevista: "Ainda estamos tentando descobrir as coisas. Gostamos da mudança, estamos acostumados, prontos para isso. Quanto mais crescemos, mais difícil é fazer as pessoas perceberem: não precisamos fazer as coisas da forma que temos feito nos últimos seis meses."[18]

E John Borthwick, capitalista de risco e empresário que dirige a Betaworks, uma incubadora de inovação em Nova York, definiu assim: "Cada mudança, cada inovação é considerada o novo normal, um novo estado estacionário, quando, na verdade, o novo normal é um estado de inovação contínua."[19]

A mudança cultural certamente vem de fazer coisas novas. Essa visão da criação de cultura centrada na ação é resultado da ideia de que cultura é o que fazemos. A história da Maxdome mostra que, ao incentivar as pessoas a inovar, podemos criar novas percepções e pontos de vista e, a partir daí, adicionar novos elementos a uma cultura. Para fazer com que as pessoas façam coisas novas — e as coisas desejadas —, é preciso liderança.

Em outras palavras, a mudança cultural deve ser conduzida. Abraçar a mudança como um valor cultural começa nos níveis mais altos da organização. Tudo começa com transparência e humildade nos níveis executivos. Impacta como estruturamos nossas conversas com o resto da empresa e se reflete em como nos comunicamos com a organização. Aqui, por exemplo, temos como Dean Baquet, editor-chefe do *New York Times*, compartilhou seus planos para o futuro da redação.

> Seja de forma grande ou pequena, a redação está experimentando e se adaptando à medida que avançamos em nosso futuro digital.
> Estamos... começando a liberar mesas para focar na cobertura sem sermos consumidos pelos prazos de impressão. Iniciamos um regime de treinamento digital mesa a mesa. Partimos de ter consciência das mudanças de hábitos de nosso público para torná-los parte integrante de nossas conversas diárias.
> Debatemos aberta e livremente enquanto experimentamos novas maneiras de contar histórias. Qualquer pessoa que compare a versão atual do jornal com uma dos bons e velhos tempos rapidamente vê como a de hoje é muito mais forte. Minha meta é garantir que nossos sucessores editarão um produto ainda melhor.[20]

Muito do que discutimos neste capítulo está presente nesse memorando. A vontade de experimentar. A abertura para o debate. A ênfase na empatia. E um abraço à mudança contínua.

Tornando a Cultura uma Prioridade de Todos

A cultura não vem apenas de cima. Na verdade, não podemos impor cultura a uma organização, pelo menos não sem causar muitos danos colaterais. O fundador da Zappos, Tony Hsieh, tentou isso em 2015, forçando seus 1.400 funcionários a adotar a holocracia — um estilo de gestão que evita gerentes e processos em favor de coletivos autônomos. Hsieh declarou que qualquer um que não quisesse trabalhar no novo sistema poderia pedir suas contas e ir embora. Alguns relatórios publicados dizem que até 18% da força de trabalho pode ter escolhido essa opção, e muitos daqueles que optaram por ficar sofreram um período de desafios ao moral além de sentimentos de traição.[21]

Parece mais produtivo abraçar uma reunião de iniciativas de mudança cultural de cima para baixo e de baixo para cima. Isso ecoa o padrão que vemos em todas as abordagens de sentir e responder. Há novas formas de trabalho. Preste atenção a esses novos comportamentos. Apoie e amplie-os, e dê suporte aos líderes culturais que estão guiando o caminho. Crie um ciclo de feedback dentro de sua empresa para que uma nova cultura possa emergir. Suporte o que está acontecendo organicamente e crie testes para encorajar mais do que deseja desenvolver. Pode ser que você não saiba com antecedência o que está procurando, mas quando o vir, poderá reconhecê-lo e, então, elaborar a sua ideia.

Kellan Elliott-McCrea, no mesmo ensaio citado anteriormente, diz o seguinte: "Você constrói uma cultura de aprendizagem ao otimizar globalmente, não localmente. Sua melhoria, ao longo do tempo, como equipe, com ferramentas, práticas e crenças compartilhadas é mais importante do que setores individuais de brilhantismo. E mais satisfatório." O que ele está insinuando é que a melhoria contínua não é o trabalho de uma pessoa e nem responsabilidade de um departamento. Ela deve ser uma prioridade organizacional compartilhada.

Conclusões de Sentir e Responder para Gestores

- ✓ As abordagens de sentir e responder não tratam apenas de mudanças de processo. Elas também falam da construção de uma cultura de aprendizagem.

- ✓ Os elementos-chave de uma cultura de aprendizagem são humildade, permissão para falhar, autodireção, transparência, tendência para a ação, empatia e colaboração.

- ✓ Os gestores devem incorporar esses valores e apoiá-los ao surgirem na organização.

- ✓ A mudança cultural está repleta de incertezas. A cultura é, na verdade, resultado da conversa contínua de sua organização consigo mesma sobre si mesma. Portanto, tenha a mentalidade de sentir e responder ao lidar com ela. Observe o que está funcionando, amplifique e não tenha medo de experimentar.

Conclusão

Estamos em um momento determinante na economia mundial, com mudanças únicas possibilitadas pela tecnologia digital. Com essas mudanças, vemos ameaças sem precedentes e também, se pudermos agir, oportunidades bem-vindas. E como isso acontece ao nosso redor neste exato momento, grande parte da história ainda nem aconteceu. Depende de nós enxergar as mudanças e responder a elas da melhor maneira possível. Já se sabe que algumas dessas respostas funcionam. Tentamos descrevê-las da melhor forma neste livro, e, com sorte, aqui você encontrará um ponto de partida.

Há outras respostas esperando para serem descobertas, experimentadas e testadas. Algumas tentativas suas funcionarão, outras não. Essa é a natureza da inovação, e esperamos ter deixado claro que esse processo de tentativa e erro é nossa única tática razoável, e o melhor caminho a seguir.

De qualquer forma, essa transformação está chegando, a necessidade de evoluir já se faz presente. As organizações que desejam prosperar precisam evoluir, e para tal, demandam liderança. Não se engane: a transformação deve ser liderada. Embora o desejo orgânico de mudança que toma toda a organização deva ser visto em suas equipes, de acordo com nossa experiência, não deve ser um problema. As pessoas querem trabalhar de uma nova maneira, mas agora isso depende da liderança. É hora de abandonar o conforto que encontramos no modo tradicional de fazer as coisas e abraçar as novas ideias e os novos métodos do mundo do sentir e responder.

Mudando Junto com o Mundo

Toda essa mudança é motivada pela tecnologia digital, o novo material sobre o qual seu negócio é construído. Um material diferente daquele usado no século XX e que demanda novos processos de gestão que aproveitem seu poder e sua complexidade. Nossos antigos métodos de comando e controle, aqueles que herdamos da fabricação física, não são apenas ineficazes, mas também perigosos. Esses métodos ignoram a complexidade inerente aos serviços digitais e a incerteza criada por eles. Eles criam falsas expectativas, nos impedem de descobrir valor, de aprender como explorá-lo e de como melhorar nossa capacidade de fornecer tal valor. Para prosperar na era digital, é preciso afastar-se do comando e do controle e aproximar-se dos métodos da abordagem sentir e responder. Nossos concorrentes já estão fazendo esse movimento. Grandes empresas são engolidas por operações menores que tratam os métodos da abordagem sentir e responder como um direito nato.

Os métodos de sentir e responder dependem de um ciclo de feedback contínuo — uma conversa contínua (tanto metafórica quanto literal) entre nossas organizações e as pessoas que atendem clientes. Essa conversa nos ajuda a descobrir o que nossos clientes valorizam, e além de ajudá-los a expressar o que gostam, a conversa permite que experimentemos, observemos o que funciona e ajustemos até encontrar o ponto ideal: algo que crie valor para nossos clientes e para nosso negócio. Esse modo de trabalho e navegação pelas incertezas foi desenvolvida em paralelo por muitas disciplinas.

Métodos como Ágil, DevOps, *design thinking* e startup enxuta mostram esses processos contínuos baseados em feedback. Em conjunto, tais métodos são o futuro, e nosso desafio agora é olhar para nossas organizações e instituições e desenvolvê-las — ou arriscar que sejam substituídas por novatos.

Lidando com Empresas que usam as Regras do Século Passado

As mudanças necessárias serão profundas. Como já discutimos, abrangem todos os departamentos e as funções de uma organização. Será preciso que o departamento financeiro reavalie como os orçamentos são feitos, o gerenciamento de produtos deverá rever os *road maps* e o planejamento do portfólio, caberá ao setor de marketing e vendas passar de um mundo previsível e baseado em funcionalidades para um que englobe a criação e a entrega contínua de valor. "O modelo deste ano" é coisa do passado.

As equipes jurídicas e de conformidade precisarão trabalhar com as equipes de entrega em busca de modos seguros que permitam o aprendizado contínuo. Em outras palavras, a tecnologia não é mais só um problema de TI. O ritmo da tecnologia está mudando como os negócios andam, e todos devemos nos adaptar a isso.

Introdução aos Princípios, às Ferramentas e às Histórias

A boa notícia é que há empresas e instituições por aí aplicando todo esse conhecimento. É possível estudar princípios disponíveis, existem muitas ferramentas à sua disposição e, como tentamos mostrar neste livro, histórias de sucesso e fracasso que podem servir como um guia. Na verdade, uma das grandes vantagens deste momento particular é que a cultura digital tende a ser aberta como padrão. No nível do profissional, as comunidades cresceram em torno de métodos de compartilhamento como forma de lidar com essa mudança, então a ajuda de seus colegas está prontamente disponível. Tudo que se precisa é procurar sua comunidade de colegas, seja a mesa redonda do Beyond Budgeting para o pessoal de finanças ou um dos grupos de trabalho de Ágil criados para profissionais de marketing, advogados, e assim por diante.

Lembre-se de que os princípios-chave permanecem os mesmos: uma conversa bidirecional baseada no aprendizado, fluxo contínuo e uma definição de valor com foco no cliente. Tudo isso deve ter prioridade sobre um plano de ação pré-determinado. A colaboração multifuncional deve liderar a estrutura da organização.

Entendendo que Não É Algo Fácil de Fazer

Não temos ilusões de que é fácil fazer essas mudanças e não podemos te dizer *como* mudar. A mudança em uma organização acontece de acordo com os atributos exclusivos que ela oferece. É quando os líderes visionários reconhecem a mudança ao seu redor e mobilizam seus colegas para a causa. Mas observar o que os outros estão fazendo e o que eles descobriram que funciona bem serve como um ponto de partida sólido. Para cada Netflix — que adotou mudanças desde o início — há uma Blockbuster — que não conseguiu criar a adaptabilidade de que precisava para sobreviver.

Descobrindo que a Recompensa Vale a Pena

Vimos como funcionam organizações prósperas e esperamos ter pintado um retrato vívido delas por aqui. Tais organizações são aquelas que aprendem, sem medo de tentar e falhar, porque sabem que é assim que o aprendizado acontece e que por meio do aprendizado o sucesso é alcançado. Os funcionários dessas empresas estão engajados no aprendizado, encontram crescimento e satisfação individuais e, sozinhos ou em grupos, enfrentam os desafios. Eles encontram novos caminhos para o sucesso e os compartilham com o resto da organização. E, tendo um gostinho dessa cultura, não querem retornar às velhas formas de trabalho.

Aprendendo a Evoluir

Esperamos que tome este livro como um chamado à ação. Queremos que escolha um ou dois dos métodos apresentados aqui e os coloque em prática em seu local de trabalho. Debata com um colega. Converse com sua equipe sobre o que é possível mudar dentro de seu grupo. Converse com seu chefe sobre a possibilidade de adotar algumas dessas abordagens. Fale com seus fornecedores, clientes e consumidores para descobrir como esse caminho pode ser firmado. Nossa esperança é a de que você possa iniciar essa jornada com uma mentalidade de aluno. Fracassos e sucessos surgirão, e, com sorte, você poderá aceitar ambos.

Por fim, nós — Jeff e Josh — esperamos que você mantenha contato e compartilhe conosco o que aprendeu em sua jornada. Demos nosso melhor neste livro para compartilhar o que aprendemos até agora em nossas carreiras, mas é claro que nosso aprendizado está longe de estar concluído. Continuaremos fazendo esse trabalho e conhecendo pessoas e empresas enfrentando essas mudanças, e constantemente relatando nossas descobertas. Estamos sempre disponíveis para uma conversa em jeff@jeffgothelf.com e josh@joshuaseiden.com. Mande-nos uma mensagem, e boa sorte!

Notas

Introdução

1. James Estrin. "Kodak's First Digital Moment." *New York Times*, 12 de agosto de 2015. <http://lens.blogs.nytimes.com/2015/08/12/kodaks-first-digital-moment/>; Michael Zang. "This Is What the History of Camera Sales Looks Like with Smartphones Included." *PetaPixel*, 9 de abril de 2015. <http://petapixel.com/2015/04/09/this-is-what-the-history-of-camera-sales-looks-like-with-smartphones-included/>; Dawn McCarty; Beth Jinks. "Kodak Files for Bankruptcy as Digital Era Spells End to Film." *Bloomberg Technology*, 19 de janeiro de 2012. <http://www.bloomberg.com/news/articles/2012-01-19/kodak-photography-pioneer-files-for-bankruptcy-protection-1->.
2. Maltzberger. "Kindle Is the Fire That Burns Brightest for Amazon." SeekingAlpha.com, 8 de março de 2013. <http://seekingalpha.com/article/1259661-kindle--is-the-fire-that-burns-brightest-for-amazon-com>.
3. Kasra Ferdows; Michael A. Lewis; Jose A. D. Machuca. "Zara's Secret to Fast Fashion." Harvard Business School Working Knowledge, 21 de fevereiro de 2005. <http://hbswk.hbs.edu/archive/4652.html>.
4. Michael Schrage. "R&D, Meet E&S (Experiment and Scale)." *MIT Sloan Management Review* blog, 11 de maio de 2016. <https://sloanreview.mit.edu/article/rd-meet-es-experiment-scale/>.

Capítulo 1

1. "The Trust Engineers." *Radiolab*, 9 de fevereiro de 2015. <https://www.wnycstudios.org/podcasts/radiolab/articles/trust-engineers>.
2. Jon Jenkins. "Velocity Culture", 2011. <https://www.youtube.com/watch?v=-dxk8b9rSKOo>.
3. Chris Doig. "Enterprise Software Project Success Remains Elusive." *CIO.com*, 23 de outubro de 2015. <http://www.cio.com/article/2996716/enterprise-software/why-is-success-with-enterprise-software-projects-soelusive.html>.

4. Jared M. Spool. "The $300 Million Button." *User Interface Engineering*, 14 de janeiro de 2019. <https://articles.uie.com/three_hund_million_button/>.
5. Scout Addis, trabalhador da campanha Obama for America, entrevista pessoal, 2015.
6. Shea Bennett. "The History of Hashtags in Social Media Marketing." *AdWeek* blog, 2 de setembro de 2014. <https://www.adweek.com/performance-marketing/history-hashtag-social-marketing/>.
7. David J. Snowden; Mary E. Boone. "A Leader's Framework for Decision Making." *Harvard Business Review*, novembro de 2007. <https://hbr.org/2007/11/a-leaders-framework-for-decision-making>.
8. Etsy.com. "Etsy, Inc. Reports Fourth Quarter and Full Year 2015 Financial Results", comunicado de imprensa, 23 de fevereiro de 2016. <https://investors.etsy.com/press-releases/press-release-details/2016/Etsy-Inc-Reports-Fourth-Quarter-and-Full-Year-2015-Financial-Results/default.aspx>.
9. *Consumer Reports*, post no Twitter, 19 de março de 2015, 9h27. <https://twitter.com/CRcars/status/578593771337682944>.

Capítulo 2

1. Eric Ries. *The Lean Startup: How Today's Entrepreneurs Use Continuous Innovation to Create Radically Successful Businesses*. New York: Crown Business, 2001.
2. "In-App Purchase for Developers." Apple, Inc. Acessado em 26 de agosto de 2016. <https://developer.apple.com/in-app-purchase/>.
3. Para exemplo, consulte Austin Carr, "The Real Story Behind Jeff Bezos's Fire Phone Debacle and What It Means for Amazon's Future". *Fast Company*, 6 de janeiro de 2015. <https://www.fastcompany.com/3039887/under-fire>.
4. Ibid.
5. Brian Jackson. "Canadian Tire Money Enters Era of Mobile Payments."*ITBusiness.ca*, 29 de outubro de 2014. <http://www.itbusiness.ca/news/canadian-tire-money-enters-era-of-mobile-payments/51907>.
6. Ed Catmull; Amy Wallace. *Creativity, Inc.: Overcoming the Unseen Forces That Stand in the Way of True Inspiration*. New York: Random House, 2014, edição para Kindle, loc. 143.
7. Fiona Graham. "Searching the Internet's Long Tail and Finding Parrot Cages." *BBC News*, 7 de outubro de 2010. <http://www.bbc.com/news/business-11495839>.
8. Ibid.

Capítulo 3

1. *Driving Digital Transformation: New Skills for Leaders, New Role for the CIO*. Harvard Business Review Analytic Services Report, 2015. <https://enterprisersproject.com/sites/default/files/Driving%20Digital%20Transformation:%20New%20Skills%20for%20Leaders,%20New%20Role%20for%20the%20CIO.pdf>.

Notas 233

2. Associated Press. "A Win for Uber: Car-Service Apps Can Update without City Approval." 22 de junho de 2015. <http://www.crainsnewyork.com/article/20150622/TRANSPORTATION/150629988>.
3. Andrea Rothman. "Airbus Builds Innovation Labs for Faster Tech Advances." *Bloomberg*, 9 de março de 2015. <https://skift.com/2015/03/09/airbus-builds-innovation-labs-for-faster-tech-advances/>.
4. GOV.UK. "About the Government Digital Service." Blog de Serviço Digital do Governo, acessado em 1º de setembro de 2016. <https://gds.blog.gov.uk/about/>
5. Noah Kunin, post do Twitter, 12 de dezembro de 2014, 18h22. <https://twitter.com/noahkunin/status/543591687084589056>; ibid., 18h24. <https://twitter.com/noahkunin/status/543592161951121409>; e ibid., 18h25. <https://twitter.com/noahkunin/status/543592503778484224>.
6. GOV.UK. "How the Alpha Phase Works." Acessado em 1º de setembro de 2016. <https://www.gov.uk/service-manual/phases/alpha.html>.
7. Amy Wilson *et al.* "Two Agencies Participating in the Digital Acquisition Accelerator Pilot." 18F, 15 de junho de 2016. <https://18f.gsa.gov/2016/06/15/two-agencies-participating-in-the-digital-acquisition-accelerator-pilot/>.
8. Comunicação pessoal, 2015.

Capítulo 4

1. Greg Jarboe. "L'Oreal Launches New Makeup Line Designed by YouTube Beauty Guru Michelle Phan." Search Engine Watch, 19 de agosto de 2013. <https://www.searchenginewatch.com/2013/08/19/loreal-launches-new-makeup-line-designed-by-youtube-beauty-guru-michelle-phan/>.
2. "Luxury and Cosmetics Financial Factbook 2013." EY.com, acessado em 1º de setembro de 2016. <http://www.ey.com/GL/en/Industries/ConsumerProducts/Luxury-and-cosmetics-financial-factbook-2013>.
3. Tom Peters, *posts* do Twitter, 2 de janeiro de 2015, 4h23. <https://twitter.com/tom_peters/status/550990859756634113>; ibid., 8h33. <https://twitter.com/tom_peters/status/551053682151026688>; e ibid., 9h49. <https://twitter.com/tom_peters/status/551072739537461248>.
4. Roger Dooley. "Three Customer Loyalty Lessons from Coffee Companies—Only One is Good." *Forbes*, 7 de janeiro de 2015. <http://www.forbes.com/sites/rogerdooley/2015/01/07/coffee-loyalty/>.
5. Ben Geier. "Car Dealerships Turn to Ipads, Not Sign Twirlers, to WinBusiness," *Fortune*, 2 de setembro de 2014. <https://fortune.com/2014/09/02/car-dealerships-turn-to-ipads-not-sign-twirlers-to-win-business/>.
6. Entrevista pessoal, Mark Chamberlain, diretor de serviços de informação da Select Sires, 2015.
7. Nellie Bowles. "Michelle Phan: From YouTube Star to $84 Million Startup Founder." Recode.com, 27 de outubro de 2014. <http://www.recode.net/2014/10/27/11632302/michelle-phan-youtube-star-to-startup-founder>.

8. *The New York Times*. The Full New York Times Innovation Report. <https://www.scribd.com/doc/224608514/The-Full-New-York-TimesInnovation-Report>.

9. Ibid., p. 4.

10. Ibid., p. 15.

11. Ibid., p. 32.

12. Reuters. "New York Times Co. Profit Jumps 48% on Digital Growth", 4 de fevereiro de 2016. <http://fortune.com/2016/02/04/new=-york-times-earnings/?iid-leftrail>.

13. Entrevista com Emily Culp na Rebecca Minkoff; Phil Wahba. "Nordstrom Taps Ebay's Tech to Build Fitting Room of the Future." *Fortune*, 25 de novembro de 2014. <http://fortune.com/2014/11/25/nordstrom-ebay-fitting-rooms/>; Elizabeth Holmes. "Designer Rebecca Minkoff's New Stores Have Touch Screens for an Online Shopping Experience." *Wall Street Journal*, 11 de novembro de 2014. <https://www.wsj.com/articles/designer-rebecca-minkoffs-new-stores-have-touch-screens-for-an-online-shopping-experience-1415748733>; Billy Steele. "Neiman Marcus' Digital Mirror Compares Clothes Side by Side." Engadget.com, 13 de janeiro de 2015. <https://www.engadget.com/2015-01-13-neiman-marcus-memory-mirror.html>.

14. Frank Konkel. "The Details about the CIA's Deal with Amazon." *The Atlantic*, 17 de julho de 2014. <https://www.theatlantic.com/technology/archive/2014/07/the-details-about-the-cias-deal-with-amazon/374632/>.

15. Emily Steel. "Nielsen Plays Catch-Up as Streaming Era Wreaks Havoc on TV Raters." *New York Times*, 2 de fevereiro de 2016. <https://www.nytimes.com/2016/02/03/business/media/nielsen-playing-catch-up-as-tv-viewing-habits-change-and-digital-rivals-spring-up.html>.

16. Rick Porter. "Netflix Says Ratings Estimates 'Remarkably Inaccurate,' Won't Change Its No-Numbers Stance." Zap2it.com, 17 de janeiro de 2016. <https://tvbythenumbers.zap2it.com/more-tv-news/netflix-says-ratings-estimates-remarkably-inaccurate-wont-change-its-no-numbers-stance/>.

17. Mary Meeker. "2015 Internet Trends Report." 27 de maio de 2015. <https://www.slideshare.net/sagacious/mary-meeker-internet-trends-report-2015>.

18. Dan Farber. "Why Romney's Orca Killer App Beached on Election Day." CNet.com, 9 de novembro de 2012. <https://www.cnet.com/news/why-romneys-orca-killer-app-beached-on-election-day/>.

19. Michael Kranish. "ORCA, Mitt Romney's High-Tech Get-Out-the Vote Program, Crashed on Election Day." Boston.com. <https://www.boston.com/uncategorized/noprimarytagmatch/2012/11/09/orca-mitt-romneys-high-tech-get-out-the-vote-program-crashed-on-election-day/>.

20. Dan Farber. "Why Romney's Orca Killer App Beached on Election Day." CNet.com, 9 de novembro de 2012. <https://www.cnet.com/news/why-romneys-orca-killer-app-beached-on-election-day/>.

Capítulo 5

1. Stephen Bungay. *The Art of Action: How Leaders Close the Gaps between Plans, Actions, and Results*. London: Nicholas Brealey Publishing, 2010, edição para Kindle.
2. Dan North. "Why Agile Doesn't Scale, and What You Can Do About It." Apresentação na conferência GOTO, 30 de setembro de 2013. <http://gotocon.com/aarhus-2013/presentation/Why%20Agile%20doesn't%20scale,%20and%20what%20you%20can%20do%20about%20it>. Quando falamos com North, ele afirmou: "Se a ideia é ampliar e ter agilidade, a solução pode não ser mais as equipes Scrum." (Scrum é o método Ágil mais popular. Quando as pessoas pensam em Ágil, geralmente pensam em Scrum). Ele adicionou: "Quando se tem muito trabalho a fazer, é preciso se perguntar: qual é o formato do trabalho, e qual é o melhor formato das pessoas para fazer esse trabalho?" North descreveu um processo de fazer tais questionamentos trimestralmente e ajustar as atribuições e a organização *continuamente* em resposta à natureza do trabalho.
3. TechBeacon. "State of Performance Engineering, 2015–2016 Edition." <https://techbeacon.com/sites/default/files/gated_asset/state-of-performance-engineering-2015-16_final2.pdf>.
4. Bungay, *Art of Action*, loc. 2856.
5. Neil Williams, entrevista com os autores, 2016.
6. Williams contou que o sistema aqui descrito apresentou alguma evolução durante o tempo em que o processo foi utilizado. "À medida que aprendemos, as coisas mudam", ele afirmou. Agora que GOV.UK é uma plataforma já estabelecida usada em todo o governo, torna-se desnecessário coordenar o trabalho entre os departamentos. Como resultado, a equipe percebe que há mais necessidade de comunicar prazos definidos. Ainda assim, Williams disse, os planos estão sujeitos a mudanças. "Isso não muda a incerteza", afirmou, "apenas como nos comunicamos sobre isso. Contamos às pessoas sobre o plano, afirmamos ser o melhor plano que temos e adicionamos que ele provavelmente mudará."
7. Essa abordagem é semelhante à usada pela equipe do Google Apps entre 2006 e 2007. Os membros da equipe descrevem o uso desses mesmos segmentos de planejamento em conjunto com um modo adicional, que é o "não fazer". Essa última categoria ajuda as partes interessadas a entenderem quais funcionalidades estão explicitamente fora do escopo. <https://library.gv.com/climbing-mount-enterprise-99a4d014f942#.iasj0ux35>.
8. Donald Reinertsen. *The Principles of Product Development Flow*. Redondo Beach, CA: Celeritas, 2012, p. 250.
9. "GOV.UK High-Level Road Map." Trello. <https://trello.com/b/GyqsETvS/gov-uk-high-level-roadmap>.
10. Bungay, *Art of Action*, loc. 923.

11. Mehrdad Baghai; Stephen Coley; David White. *The Alchemy of Growth*. New York: Basic Books, 2000.
12. A descrição é baseada em uma entrevista com Brad Smith, CEO da Intuit, por Eric Ries na Startup Lessons Learned Conference, 2011. <http://criticalthinking.tumblr.com/post/6713640477/bradsmith-ceo-intuit-at-startup-lessons>.
13. Hugh Molotsi. "Horizon Planning at Intuit", 14 de fevereiro de 2014. <https://blog.hughmolotsi.com/2014/02/horizon-planning-at-intuit.html>.
14. Geoffrey Moore, "To Succeed in the Long Term, Focus on the Middle Term." *Harvard Business Review*, julho–agosto de 2007. <https://hbsp.harvard.edu/product/R0707F-PDF-ENG>.

Capítulo 6

1. Essa formulação é frequentemente atribuída ao autor e estrategista Larry Keeley. Mas o designer Alan Cooper, que cita Keeley em seu livro *The Inmates Are Running the Asylum* (Boston: Pearson, 1999), diz: "Pode-se dizer que o criador é Vitrúvio, um pouco antes." (Vitrúvio, o arquiteto e autor romano da antiguidade, conhecido por sua afirmação de que a arquitetura deve ser sólida, útil e bela. Comunicação pessoal com Alan Cooper).
2. Cian Ó Maidin. "Release the Kraken: How PayPal Is Being Revolutionized by Node.js and Lean-UX." NearForm.com, 5 de novembro de 2013. <https://www.nearform.com/blog/release-the-kraken-how-paypal-is-being-revolutionised-by-node-js-and-lean-ux/>.
3. Brad Power. "How GE Applies Lean Startup Practices." *Harvard Business Review*, 23 de abril de 2014. <https://hbr.org/2014/04/how-ge-applies-lean-startup-practices#:~:text=%20How%20GE%20Applies%20Lean%20Startup%20Practices%20,%E2%80%9CYou%20need%20to%20invert%20the%20pyramid.%20More%20>.
4. *The New York Times*. The Full New York Times Innovation Report. <https://https://pt.scribd.com/doc/224608514/The-Full-New-York-Times-Innovation-Report>.
5. Clement Huyghebaert. "What Is It Like to Be an Engineer at BuzzFeed." Quora.com, acessado em 1º de setembro de 2016. <https://www.quora.com/What-is-it-like-to-be-an-engineer-at-BuzzFeed>.
6. Vox. "Code of Conduct", acessado em 1º de setembro de 2016. <https://code-of--conduct.voxmedia.com/>.
7. Comunicação pessoal com Bill Scott, 2015.
8. Eric Savitz. "The Death of Outsourcing, and Other IT Management Trends." Forbes.com, 28 de dezembro de 2012. <https://www.forbes.com/sites/ciocentral/2012/12/28/the-death-of-outsourcing-and-other-it-management-trends/>; Stephanie Overby. "Goodbye Outsourcing, Hello Insourcing: A Trend Rises." CIO.com, 17 de fevereiro de 2011. <https://www.cio.com/article/2411036/goodbye-outsourcing--hello-insourcing--a-trend-rises.html>.

Capítulo 7

1. Nathan Coe, entrevista, 2015.
2. Chris Kelly, entrevista, 2015.
3. Beyond Budgeting Institute, acessado em 1º de setembro de 2016. <http://www.bbrt.co.uk/beyond-budgeting/bb-problem.html>.
4. Sonja Kresojevic, entrevista, 2016.

Capítulo 8

1. Todd Wallack. "Call It Big Data's Big Dig—$75m, 19 Years, Still Not Done." *Boston Globe*, 12 de abril de 2015. <https://www.bostonglobe.com/metro/2015/04/11/massachusetts-courts-long-delayed-computer-system-may-leave-public-out/S7tZcbvBDFd3nho7XvEZPO/story.html>.
2. Michael Krigsman. "An IT Failure Unicorn: Endless 19-Year Project in Massachusetts." ZDNet, 13 de abril de 2015. <https://www.zdnet.com/article/an-it-failure-unicorn-endless-19-year-project-in-massachusetts/>.
3. Ibid.
4. Kellan Elliott-McCrea. "Five Years, Building a Culture, and HandingIt Off." Medium, 31 de agosto de 2015. <https://medium.com/@kellan/five-yearsbuilding-a-culture-and-handing-it-off-54a38c3ab8de#.cre5m6xat>.
5. Ken Norton. "Climbing Mount Enterprise." GV Library, 5 de agosto de 2013. <https://library.gv.com/climbing-mount-enterprise-99a4d014f942>.
6. Reed Hastings. "Process Brings Seductively Strong Near-Term Outcome." SlideShare, 1º de agosto de 2009. <https://www.slideshare.net/reed2001/culture-1798664/52-Process_Brings_Seductively_StrongNearTerm_Outcome>.
7. Douglas McGregor. *The Human Side of Enterprise.* New York: McGrawHill, 1960.
8. "Manifesto for Agile Software Development", acessado em 1º de setembro de 2016. <https://agilemanifesto.org/>.
9. Tom Warren. "Windows Phone Is Dead." Verge.com, 28 de janeiro de 2016. <http://www.theverge.com/2016/1/28/10864034/windows-phone-is-dead>.
10. Quy Huy and Timo Vuori. "Who Killed Nokia? Nokia Did." *Salamander* magazine, 28 de janeiro de 2016. <http://alumnimagazine.insead.edu/who-killed-nokia-nokia-did/>.
11. Mike Bland. "Turning Learning Up to 11: Transparent Internal Operations." 18F, 4 de janeiro de 2016. <https://18f.gsa.gov/2016/01/04/turning-learning-up-to-11-transparency/>.
12. Jared M. Spool. "Fast Path to a Great UX—Increased Exposure Hours." User Interface Engineering, 30 de março de 2011. <https://articles.uie.com/user_exposure_hours/>.
13. Marvin Lange, entrevista, 2015.

14. Stephen Thomas Erlewine. AllMusic. <http://www.allmusic.com/album/kind-of-blue-mw0000191710>.
15. Stefon Harris. "There Are No Mistakes on the Bandstand." TED talk, novembro de 2011. <https://www.ted.com/talks/stefon_harris_there_are_no_mistakes_on_the_bandstand?language=en>.
16. Julie Anixter and Sarah Miller Caldicott. "Midnight Lunch: How Thomas Edison Collaborated." Innovation Excellence, 3 de fevereiro de 2013. <https://disruptorleague.wpcomstaging.com/blog/2013/02/03/midnight-lunch-how-thomas-edison-collaborated/>.
17. Rhys Newman and Luke Johnson. "No Dickheads! A Guide to Building Happy, Healthy, and Creative Teams." Medium, 26 de março de 2015. <https://medium.com/@rhysys/no-dickheads-a-guide-to-buildinghappy-healthy-and--creative-teams-7e9b049fc57d#.dir4udkg9>.
18. Eric Johnson. "Meet Shani Hilton, BuzzFeed's Newsmaker in Chief." Recode, 21 de janeiro de 2016. <https://www.vox.com/2016/1/21/11588966/meet-shani-hilton-buzzfeeds-newsmaker-in-chief>.
19. John Borthwick. "Tech Is Eating Media. Now What?" Medium, 9 de novembro de 2015. <https://medium.com/@jwherrman/tech-is-eating-media-now--what-807047ad4ede>.
20. Michael Calderone. "New York Times Eyes Ambitious Overhaul in Quest for 'Journalistic Dominance'." *Huffington Post*, 4 fevereiro de 2016. <http://www.huffingtonpost.com/entry/new-york-times-overhaul_us_56ae5e36e-4b00b033aaf88d5>.
21. David Gelles, "The Zappos Exodus Continues After a Radical Management Experiment." *New York Times Bits* blog, 13 de janeiro de 2016. <https://bits.blogs.nytimes.com/2016/01/13/after-a-radical-management-experiment--the-zappos-exodus-continues/>.

Índice

Símbolos

18F 80

A

abordagem
  big bang 27
  colaborativa 155
  de liderança de projeto 129
  de otimização 28-29
  do lobo solitário 76
  do projeto 157
  incremental 160
  iterativa 161
abraçar a mudança 8, 221
Ágil 7, 9, 129-130, 142, 160, 189
  de duas faixas 177
Amazon 7, 24, 27, 53, 86
  Prime 215
ansiedade de alcance 36
aplicativos iOS 53
Apple 3, 68
aprendizado contínuo 88
autodireção e alinhamento 209
autoridade descentralizada 129
AutoTrader UK 181, 199
avaliação de impacto de privacidade 73, 189

B

Barack Obama (ex-presidente dos EUA) 28, 110
benchmarks 26
Big Data 59

blameless post mortem 208
bloatware 69
Borders 2, 7
British Brodcast Corporation (BBC) 18, 31, 39
BuzzFeed 97, 167, 221

C

caso de negócios 166
ciclo
  contínuo de comunicação 63
  da abordagem sentir e responder 64
  de aprendizagem 49
  de feedback 81
  de resposta 66
  de vida global do produto 194
cinco táticas Maxdome 215
código de front-end 187
colaboração e alinhamento da equipe 163
Comando de Missão 123, 128, 132-133, 139, 190
compartimentalização do esforço de aprendizagem 74
comunidade open source 205
conselhos de produto 193
continuous deployment 24
conversa bidirecional 4, 9, 54, 93, 106, 216
cultura
  de aprendizagem 223
  de entrega 203-204
  de qualidade 203
custo do atraso 182

D

declarações de missão 138
definições de cultura 221
desbloquear valor 10
desenvolvimento
  incremental 163
  iterativo 163–164
design
  system 187
  wall 140
DevOps 183, 185, 187, 205
diálogo bidirecional 38–39, 182
dívida de experiência 142

E

e-commerce 34
Elon Musk 36
Empatia 214
equipes autônomas 171
e-readers 3
estrutura
  ágil escalonada 131
  de recompensas e compensação 70
Etsy 34–35, 205
experimentação contínua 35

F

Facebook 4, 17, 28, 101
feature
  flags 188
  road map 55
  toggles 188
feedback do mercado 72
ferramentas digitais 93
Fire Phone 53, 57–58
flexibilidade de processo 26
fluxo de aprendizagem 182

G

garantia de alcance 36
gerenciamento de portfólio 144, 146
gestão científica 6

Google 4, 206
Government Digital Service (GDS) 77, 79
GOV.UK. 137

H

hashtag 30–31
Henry Ford 6, 22, 35
hierarquia das necessidades de Maslow 210
holocracia 223
humildade 205

I

implantação contínua 133
incentivos econômicos 24
incerteza 17, 46, 121, 213
iniciativa de mídia digital 18
inovação disruptiva 96
Intuit 145, 147

J

Jared Spool 214
Jeff Bezos, CEO da Amazon 53
John Borthwick 221

K

Kellan Elliott-McCrea 205
killer app 29
Kindle 2, 53
Kobo 3
Kodak 1

L

lacuna
  de alinhamento 143
  de tradução 143
landing page 44, 46, 48, 65
lean manufacturing 47
linha de montagem 6, 22, 34, 71, 178
listagens de projetos 128
listas de estoque 95

M

Manifesto Ágil 130, 211
mapeamento da jornada do cliente 139
marketing
  boca a boca 92
  contínuo 195
  de busca 64
Maxdome 215–217, 221
metodologia da startup enxuta 46
Mínimo Produto Viável (MVP) 127
Mitt Romney, candidato à presidência dos EUA 110–112
modelo
  de negócios 44
  de três horizontes 145, 194
  orbital 167, 168
mudança cultural 221
mudanças contínuas 18

N

Nespresso 88, 90
Netflix 106, 209, 215
New York Times 97, 222
Nielsen 106
nível de incerteza 52
Noah Kunin, diretor de infraestrutura da 18F 78
Nokia 19, 211

O

Offshore 176
o lado humano da empresa 209
operacional 129
o software como serviço 23

P

Pedido de Proposta (RFP) 121–122
permissão para falhar 207–208
planejamento
  central 129–130
  orientado a detalhes 68
plataforma SYNC 102
portfólio 144
princípio orientador 44
princípios-chave 10
problema do conhecimento local 129
processo
  de manutenção 37
  de orçamento 192
  de tomada de decisão 54
  sequencial 184
programação de backend ou middleware 172
programa de fidelidade 60
Projeto
  Hermes 154
  Narval 112
  Orca 111
proliferação de software de código aberto 104

R

Rebecca Minkoff, designer 102
regras de aquisição 78
reunião retrospectiva 178
revolução
  digital 17, 19, 33, 98
  industrial 83
road map 55, 135, 138, 197, 206
  baseado em resultados 132–133, 136
  de jornada do cliente 140
  do estado atual 140

S

sandbox 72, 190, 191, 207
serviços
  de concierge 49
  multicanal 91
sete elementos da cultura de aprendizagem 204
shadow IT 109
silêncio pluralista 212
síndrome do brinquedo novo 195–196
sistemas adaptativos complexos 32
Sistema Toyota de Produção 179, 210
software como serviço (SaaS) 23

Sonic Automotive 91–92, 198
Spotify 90–91
startup 9, 34, 133
   enxuta 46–47, 58, 165
Steve Jobs 68–69

T

taxa
   de aprendizagem 208
   de entrega 208
técnicas de implantação contínua 35
tecnologia
   da informação (TI) 6, 27, 111
   digital 67
tentativa e erro 11, 47
Teoria
   X 209
   Y 209
terceirização
Tesla Motors 36
teste
   A/B 28, 73, 133
   Mágico de Oz 48
Thomas Edison 220
tomada de decisões 108
tomadores de decisão 164
Tom Peters, gestor 88
trabalho remoto 176–177
transparência 211
Twitter 30, 88

U

Uber 103
use ou perca 192

V

Vale do Silício 115, 145, 151
valor para o cliente 214
visão e estratégia 50–51
Vox Media 168

W

Westpac, banco australiano 76–77
wire framing 156

X

Xiaomi 38–39

Y

YouTube 4, 86

Z

Zappos 223
Zara 4

Projetos corporativos e edições personalizadas
dentro da sua estratégia de negócio. Já pensou nisso?

Coordenação de Eventos
Viviane Paiva
viviane@altabooks.com.br

Assistente Comercial
Fillipe Amorim
vendas.corporativas@altabooks.com.br

A Alta Books tem criado experiências incríveis no meio corporativo. Com a crescente implementação da educação corporativa nas empresas, o livro entra como uma importante fonte de conhecimento. Com atendimento personalizado, conseguimos identificar as principais necessidades, e criar uma seleção de livros que podem ser utilizados de diversas maneiras, como por exemplo, para fortalecer relacionamento com suas equipes/ seus clientes. Você já utilizou o livro para alguma ação estratégica na sua empresa?

Entre em contato com nosso time para entender melhor as possibilidades de personalização e incentivo ao desenvolvimento pessoal e profissional.

PUBLIQUE SEU LIVRO

Publique seu livro com a Alta Books. Para mais informações envie um e-mail para: autoria@altabooks.com.br

/altabooks /alta-books /altabooks /altabooks

CONHEÇA OUTROS LIVROS DA ALTA BOOKS

Todas as imagens são meramente ilustrativas.

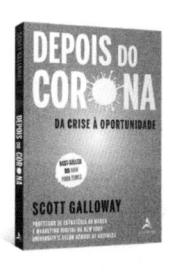

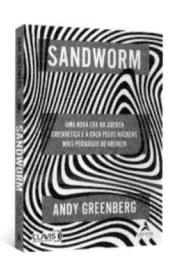

ROTAPLAN
GRÁFICA E EDITORA LTDA

Rua Álvaro Seixas, 165
Engenho Novo - Rio de Janeiro
Tels.: (21) 2201-2089 / 8898
E-mail: rotaplanrio@gmail.com